오늘날 혁명은 왜 불가능한가

오늘날 혁명은 왜 불가능한가

한병철
전대호 옮김

김영사

오늘날 혁명은 왜 불가능한가

1판 1쇄 인쇄 2024. 1. 2.
1판 1쇄 발행 2024. 1. 17.

지은이 한병철
옮긴이 전대호

발행인 박강휘 고세규
편집 김태권   디자인 홍세연   마케팅 정희윤   홍보 강원모
발행처 김영사
등록 1979년 5월 17일 (제406-2003-036호)
주소 경기도 파주시 문발로 197(문발동) 우편번호 10881
전화 마케팅부 031)955-3100, 편집부 031)955-3200   팩스 031)955-3111

값은 뒤표지에 있습니다.
ISBN 978-89-349-4600-7 03100

홈페이지 www.gimmyoung.com   블로그 blog.naver.com/gybook
인스타그램 instagram.com/gimmyoung 이메일 bestbook@gimmyoung.com

좋은 독자가 좋은 책을 만듭니다.
김영사는 독자 여러분의 의견에 항상 귀 기울이고 있습니다.

차례

일러두기

- 원문의 이탤릭은 고딕으로, '»«'는 큰따옴표로 표기했다.
- 이 책의 독일어판은 《자본주의와 죽음 충동Kapitalismus und Todestrieb》 (2019)이며, 한국어판의 경우에는 기고 글 두 편(〈군중 속에서〉, 〈정면 돌격〉)과 인터뷰 한 편(〈"유감스럽지만, 그게 사실입니다"〉)을 새롭게 수록했다.

오늘날 혁명은 왜 불가능한가

얼마 전 베를린 샤우뷔네Schaubühne 극장에서 안토니오 네그리와 내가 벌인 논쟁은 자본주의 비판자 두 명의 정면충돌이었다. 네그리는 "제국" 곧 신자유주의 지배 체제에 맞선 지구적 저항의 가능성들을 열망했다. 그는 자신을 공산주의 혁명가로 소개했고 나를 회의적인 교수로 칭했다. 그는 열정적으로 "다중Multitude" 곧 '연결망을 이룬 저항 및 혁명 군중'을 호출했다. 보아하니 그는 다중이 제국을 무너뜨릴 수 있다고 믿었다. 나는 그 공산주의 혁명가의 입장이 너무 순박하고 현실과 동떨어져 있다고 느꼈다. 그래서 오늘날 혁명이 더는 불가능한 이유를 네그리에게 설명하려 애썼다.

신자유주의 지배 체제는 왜 이토록 안정적일까? 그 체

제에 맞선 저항은 왜 이토록 적을까? 왜 저항들은 모두 이토록 빠르게 물거품으로 돌아갈까? 부자와 빈자의 격차가 점점 더 커짐에도 불구하고 오늘날 혁명은 어찌하여 더는 불가능할까? 설명을 위해서는 오늘날 권력과 지배가 작동하는 방식을 정확히 이해하는 것이 필수적이다.

새로운 지배 체제를 정착시키려는 자는 저항을 제거해야 한다. 신자유주의 지배 체제의 경우도 마찬가지다. 새로운 지배 체제를 도입하려면 설정 권력setzende Macht(새로운 제도 등을 창시하는 권력—옮긴이)이 필수적이며, 그 권력은 흔히 폭력과 짝을 이룬다. 그러나 이 설정 권력은 체제를 내적으로 안정화하는 권력과 동일하지 않다. 주지하다시피 마거릿 대처는 신자유주의의 선봉으로서 노동조합을 "내부의 적"으로 간주하고 폭력적으로 진압했다. 하지만 신자유주의적 의제를 관철하기 위한 폭력적 개입은 방금 언급한 체제 유지 권력의 일이 아니다.

규율 및 산업 사회의 체제 유지 권력은 억압적이었다. 공장 노동자는 공장 소유자에게 야만적으로 착취당했다. 공장 노동자들에 대한 폭력적인 타자 착취는 저항과 반발을 일으켰다. 이 경우에는 지배적 생산관계를 뒤엎을 혁명이 가능했다. 이런 억압 체제에서는 억압도 억압자도 눈에 띈다. 구체적인 상대가 있고, 저항해야 할 가시적인 적이 있다.

신자유주의 지배 체제는 구조가 전혀 다르다. 이 체제에서 체제 유지 권력은 더는 억압적이지 않고 유혹적이다. 그 권력은 규율 체제에서처럼 확연히 눈에 띄지 않는다. 구체적인 상대도, 자유를 억압하는 적도, 맞서 저항하는 것이 가능한 적도 더는 없다.

신자유주의는 억압당하는 노동자를 자유로운 경영자로, 자기 자신을 부리는 경영자로 만든다. 지금은 누구나 경영자인 자신에게 고용되어 자신을 착취하는 노동자다. 누구나 주인인 동시에 노예다. 계급투쟁도 자신과의 내적 투쟁으로 바뀐다. 오늘날 실패하는 사람은 자책하고 부끄러워한다. 사람들은 사회를 문제시하는 대신에 자신을 문제시한다.

큰 힘을 써서 사람들을 강제로 명령과 금지의 코르셋 안으로 욱여넣는 규율 권력은 비효율적이다. 훨씬 더 효율적인 것은 사람들을 자발적으로 지배 맥락에 예속하게 하는 권력 기술이다. 이 기술은 금지와 박탈을 통해서가 아니라 마음에 듦과 이루어짐을 통해 작동하기 때문에 특별히 효율적이다. 권력 기술은 사람들을 순응하게 만드는 대신에 독립적으로 만들려 애쓴다. 이 같은 신자유주의의 효율성 논리는 감시에도 적용된다. 1980년대에 사람들은 인구조사에 맞서 더없이 격렬하게 저항했다. 심지어 학생들도 거리에 나섰다.

오늘날의 관점에서 보면, 직업이나 학력, 출근 거리 같은 필수 기재 항목들은 거의 가소롭게 느껴진다. 시민들의 뜻을 거슬러 그들로부터 정보를 탈취하는 지배기관으로서의 국가가 자신과 맞서 있다고 사람들이 믿던 시대가 있었다. 그 시대는 오래전에 지나갔다. 오늘날 우리는 자유의지로 발가벗는다. 바로 이 느껴지는 자유가 저항을 불가능하게 만든다. 인구조사의 시대와 달리 우리는 감시에 맞서 저항하는 일이 거의 없다. 자유로운 자기 조명 및 노출은 자유로운 자기 착취와 동일한 효율성 논리를 따른다. 그러면 무엇에 맞서 저항할 것인가? 자기 자신에 맞서? 미국의 개념미술가 제니 홀저는 이 역설적 상황을 특유의 "뻔한 말"로 이렇게 표현한다. "나를 내가 원하는 것으로부터 보호해줘."

설정 권력과 유지 권력을 구별하는 것이 중요하다. 체제 유지 권력은 오늘날 영리하고 우호적인 형태를 띠며 이를 통해 자신을 볼 수 없고 공격할 수 없게 만든다. 예속된 주체는 자신이 예속된 것조차 의식하지 못한다. 그는 자유롭다고 착각한다. 이 지배 기술은 저항을 아주 효율적인 방식으로 무력화한다. 자유를 억압하고 공격하는 지배는 안정적이지 않다. 반면에 신자유주의 체제는 대단히 안정적이며 어떤 저항에도 끄떡없는데, 왜냐하면 이 체제는 자유를 억압하는 대신에 이용하기 때문이다. 자유에 대한 억압은 곧바로 저항을 부추긴다. 반면에 자유에 대한 착취는 그렇지 않다.

아시아 금융위기가 터진 후 대한민국은 충격에 빠지고 마비되었다. 그때 국제통화기금(IMF)이 다가와 한국인들에게 빚을 내주었다. 그 대가로 정부는 신자유주의적 의제들을 저항에 맞서 강제로 관철해야 했다. 이 억압적 권력은 설정 권력이며 흔히 강제력에 의지한다. 이 설정 권력은 체제 유지 권력과 다르다. 신자유주의 체제에서 후자는 심지어 자유처럼 군다. 나오미 클라인이 보기에, 대한민국이나 그리스가 겪은 금융위기 같은 파국 뒤의 사회적 충격 상태는 사회를 강제적이고 급진적인 방식으로 재프로그래밍할 기회다. 오늘날 대한민국에서는 저항이 거의 없다. 오히려 우울과 소진burnout을 동반한 순응주의와 합의가 대세다. 현재 대한민국의 자살률은 세계 최고다. 사람들은 사회를 바꾸려 하는 대신에 자신에게 폭력을 행사한다. 혁명으로 이어질 만한, 바깥을 향한 공격은 자기 공격에 밀려난다.

연결망을 이뤄 협동하는 다중, 지구적인 저항 및 혁명

군중으로 봉기할 만한 다중은 오늘날 없다. 오히려 현재 생산방식의 핵심 특징은 제각각 고립되고 개별화된 자기 경영자의 외로움이다. 과거에는 기업들이 서로 경쟁했다. 반면에 기업 내부에서는 연대가 가능했다. 지금은 모든 각자가 모든 각자를 상대로 경쟁한다. 기업 내부에서도 마찬가지다. 이 절대적 경쟁은 생산성을 엄청나게 높이지만 연대와 공동체 정신을 파괴한다. 소진되고 우울하고 개별화된 개인들은 혁명 군중을 이루지 못한다.

마르크스주의로는 신자유주의를 설명할 수 없다. 신자유주의에서는 그 유명한 노동으로부터의 "소외"조차도 발생하지 않는다. 오늘날 우리는 희열을 느끼며 노동에 빠져들어 결국 소진에 이른다. 소진 증후군의 첫 단계가 바로 희열이다. 소진과 혁명은 양립할 수 없다. 따라서 다중이 기생충 같은 제국을 무너뜨리고 공산주의 사회를 이룩하리라는 믿음은 오류다.

오늘날 공산주의는 어떤 처지일까? 도처에서 공유와 공동체를 들먹인다. 공유 경제가 소유와 점유의 경제를 대체한다고들 한다. "공유는 돌봄이다." "나눔은 치유다." 데이브 에거스의 소설 《서클The Circle》에 등장하는 "서클러Circler"들의 좌우명이다. 서클 회사의 본부로 가는 길의 보도블록에는 이런 격언들이 새겨져 있다. "공동체를 추

구하라." "온몸으로 뛰어들어라." 그러나 정작 새겨놓아야
마땅한 격언은 "돌봄은 죽임이다"일 것이다. 우리 모두를
택시 운전사로 만드는 디지털 차량 공유 서비스 "분더 카
Wunder Car"도 광고에 공동체를 동원한다. 그러나 제러미
리프킨이 최근 저서 《한계비용 제로 사회》에서 주장하듯
이 공유 경제가 자본주의의 종말과 지구적인 공동체 지
향 사회의 등장을 알리는 종소리라고 믿는 것은 오류다.
그 새로운 사회에서는 소유보다 공유가 더 가치가 크다
고 리프킨은 주장하지만, 오히려 정반대가 옳다. 공유 경
제는 결국 삶의 총체적 상업화로 이어질 것이다.

　제러미 리프킨이 찬양하는, 소유에서 "접속(이용)"으로
의 이행은 우리를 자본주의로부터 해방하지 못한다. 돈
을 소유하지 못한 사람은 공유에 접속하지도 못한다. 접
속의 시대에도 우리는 여전히 "반옵티쿰Bannoptikum"("추
방하다"를 뜻하는 독일어 "Bannen"과 제러미 벤담이 거론한 원형 감옥
"파놉티콘"을 합성하여 만든 신조어—옮긴이) 안에서 산다. 돈이
없는 사람은 거기에서도 추방된 처지를 면하지 못한다.
모든 주택을 호텔로 변신시키는 공동체 장터Community-
Marktplatz "에어비앤비"는 심지어 손님에 대한 환대를 경
제화한다. 공동체 혹은 협력하는 평민의 이데올로기는
공동체의 총체적 자본화를 가져온다. 목적 없는 친절은

더는 가능하지 않다. 상호 평가 사회에서는 친절도 상업화된다. 사람들은 더 나은 평가를 받기 위해 친절해진다. 협력 경제의 한복판에서도 엄격한 자본주의 논리가 작동한다. 역설적이게도 이 아름다운 "공유"의 질서 안에서 무언가를 자발적으로 내주는 사람은 아무도 없다. 자본주의가 공산주의를 상품으로 판매하는 순간, 자본주의는 완성에 이른다. 상품으로서의 공산주의야말로 혁명의 종말이다.

자본주의와 죽음 충동

오늘날 우리가 이야기하는 성장은 실은 암 덩어리들의 목표 없는 번성이다. 지금 우리는 죽음 도취를 방불케 하는 생산 및 성장 도취를 체험하고 있다. 그 도취는 생기인 척하면서 다가오는 치명적 파국을 은폐한다. 생산은 점점 더 파괴를 닮아간다. 인류의 자기소외는 어쩌면 인류가 자기파괴를 미적 향유로 체험하게 되는 수준에 이르렀는지도 모른다. 발터 베냐민이 당대에 파시즘을 두고 한 말은 오늘날 자본주의에 적용된다.

인류의 파괴 광기 앞에서 아르투어 슈니츨러는 인류를 막대균Bacillus에 빗댄다. 그에 따르면 인류의 역사는 치명적 감염병처럼 진행한다. 성장과 자기파괴가 일치한다. "우리로서는 그 전체를 파악할 수 없는 어떤 더 높은 유기체의 내부에서 인류는 자기 존재의 조건, 필요성, 의미를 발견하는데, 그 유기체에게 인류가 하나의 질병을 의미한다는 것, 그리고 인류는 마치 막대균 종족이 '병든' 인간을 파괴하려 드는 것과 똑같이 그 유기체를 파괴하려 애쓰고 인류가 더 높이 발전함에 따라 결국엔 그 유기체를 파괴할 수밖에 없다는 것을 이제는 생각해볼 수 있지 않을까?"[1] 인류는 치명적으로 눈이 멀었다. 인류는 낮은 질서들을 깨달을 능력밖에 없다. 높은 질서들 앞에서 인류는 막대균과 똑같이 아무것도 보지 못한다. 그리하여 인류의 역사는 "신적인 것에 맞선 영원한 전쟁"이다. 신적인 것은 "인간적인 것에 의해 어김없이 파괴된다."

슈니츨러의 비관주의를 접했다면, 프로이트는 전적으로 동의했을 것이다. 《문명 속의 불만》에서 프로이트는 고유의 "잔인한 공격성"을 띤 인간은 "자기 종을 보살필 줄 모르는 야수"라고 쓴다.[2] 인류는 스스로를 파괴한다. 프로이트는 높은 질서들을 깨달을 줄 아는 이성을 간간이 언급하지만, 결국 인간을 지배하는 것은 충동들이다. 프로이트는 인간의 공격성을 죽음 충동의 탓으로 돌린다. 《문명 속의 불만》이 완성되고 겨우 몇 달 뒤에 대공황이 터진다. 그때 프로이트는 이렇게 주장할 만했다. 자본주의는 인간이 야수로서 자신의 공격성을 가장 잘 발휘할 수 있게 해주는 경제 형태라고 말이다.

자본주의의 파괴성 앞에서 우리는 자연스럽게 자본주의를 프로이트의 죽음 충동과 연결하게 된다. 2015년 샤를리 에브도 테러(2015년 1월 7일 이슬람 원리주의 성향의 테러리스트가 파리에 소재한 풍자신문 〈샤를리 에브도〉 본사를 급습하여 총기를 난사한 사건ㅡ옮긴이)로 살해된 프랑스 경제학자 베르나르 마리스는 논문 〈자본주의와 죽음 충동〉에서 다음과 같은 주장을 내놓는다. "파괴적인 힘들을, 죽음 충동을 한쪽으로 이끌어 성장을 향하도록 방향을 트는 것이야말로 자본주의의 대단한 술수다."[3] 자본주의는 고유의 목적을 위해 죽음 충동을 이용하는데, 마리스의 주장에 따르면, 죽음 충동은 알고 보면 숙명이다. 죽음 충동의 파괴적인 힘들은 시간이 흐름에 따라 우위를 점하고 삶을 짓밟는다.

프로이트의 죽음 충동은 실제로 자본주의의 파괴적 과정을 설명하는 데 적합할까? 혹시 자본주의를 지배하는 것은 프로이트의 충동 이론을 벗어난 전혀 다른 유형의 죽음 충동이 아닐까? 프로이트가 제시하는 죽음 충동의 토대는 순전히 생물학적이다. 그의 사변에 따르면, 과거 언젠가 커다란 힘의 영향으로 생명 없는 물질 안에서 생명이 깨어났다. 그 전까지만 해도 생명이 없던 물질 안에서 그때 발생한 긴장은 이후 완화되려 애썼다. 그리하여 생물 안에서 생명 없는 상태로 회귀하려는 충동이 형성되었다. 죽음 충동이 태어난 것이다. "모든 삶의 목표는 죽음이다. 거슬러 올라가면, 생명 있는 것보다 더 먼저 생명 없는 것이 있었다."[4] 죽음 충동은 생명의 모든 사례를 빛바래게 하여 "죽음의 부하들"로 만든다. 삶 충동은 고유한 목표가 전혀 없다. 자기 보존 충동과 권력 충동도 "유기체의 고유한 죽음의 길을 확고히 하고 비유기체das Anorganische로 회귀할 다른 가능성들을 내재적 가능성들로서 배척하는"[5] 목표에만 종사하는 부분적 충동들이다.

모든 유기체 각각은 오직 자신의 방식으로만 죽고자 한다. 따라서 각각의 유기체는 "가까운 길(말하자면 지름길)로 그의 삶의 목표에 도달하도록 도울 만한 외부의 영향들에 저항한다."[6] 삶은 다름 아니라 '각각의 나의 죽음을 향한 존재das jemeinige Sein zum Tod'다. 죽음 충동이라는 개념은 프로이트를 지속적으로 매혹했던 것으로 보인다. 처음엔 망설였지만, 그는 그 개념을 고수했다. "죽음 충동 혹은 파괴 충동의 수용은 심지어 정신분석가들 사이에서도 반발을 일으켰다. [⋯] 나는 여기에 제시한 견해들을 처음엔 단지 시험 삼아 옹호했지만, 세월이 흐르면서 그것들은 내가 더는 달리 생각할 수 없을 정도로 막강하게 나를 사로잡았다."[7]

죽음 충동이라는 개념이 프로이트를 매혹한 것은 필시 그 개념을 인간의 파괴 충동을 설명하는 데 끌어들일 수 있기 때문일 것이다. 죽음 충동은 생물의 내부에서 생물의 소멸을 공들여 추구한다. 프로이트는 이 죽음의 과정을 능동적 자기파괴의 결과로 풀이한다. 그런 연유로 죽음 충동은 우선 자기 공격으로 표출된다. 처음엔 삶 충동, 곧 에로스의 작용으로 죽음 충동은 바깥을 향하여 객체들에 맞선다. 이 같은 타자를 향한 공격성은 생물을 자기파괴로부터 보호한다. "그렇게 그 충동(곧 죽음 충동)조차도 에로스에 종사하도록 강제될 테고, 생물은 자기 자신을 없애는 대신에 생명이 있는 것이건 없는 것이건 상관없이 타자를 없앨 터이다. 거꾸로, 이 같은 바깥을 향한 공격성을 억누르면 어차피 늘 진행되는 자기파괴가 더 심해질 수밖에 없을 터이다."[8]

죽음 충동을 다룰 때 프로이트는 인간과 기타 생물을 전혀 구별하지 않는다. 죽음 충동은 생명 없는 상태로 회귀하려는 열망으로서 **모든** 생물에 깃들어 있다. 프로이트는 이 죽음 충동에서 공격성이 유래한다고 본다. 이로써 그는 전혀 다른 두 가지 충동을 합치는 셈이다. 유기체에 깃든, 긴장을 완화하고 결국 죽음에 이르는 경향이 소멸을 부르는 파괴력과 반드시 짝을 이루는 것은 아니다. 죽음 충동을 생명력의 점진적 약화로 이해하면, 죽음 충동으로부터 파괴 충동을 도출할 수 없다. 더 나아가 죽음 충동으로는 **인간** 특유의 공격성을 설명할 수 없다. 인간과 기타 모든 생물은 죽음 충동을 공유하고 있다. 그럼에도 인간은 유난히 심하게 공격적이고 무엇보다도 잔인하다. 어떤 다른 생물도 맹목적인 파괴 광기에 도달할 능력이 없다. 프로이트는 사디즘도 똑같은 죽음 충동의 탓으로 돌린다. "그 충동[죽음 충동]이 에로틱한 목표를 자신의 고유한 뜻대로 구부리지만 성적 열망이 완전히 충족되는 경우인 사디즘에서 우리는 죽음 충동의 본질 및 에로스와의 관계를 가장 명확하게 통찰할 수 있다. 하지만 죽음 충동이 성적인 의도 없이 등장하는 경우에도, 심지어 가장 맹목적인 파괴 광기에서도, 죽음 충동의 충족은 이례적으로 강한 나르시시즘적 향유와 연결되어 있음을 간과할 수 없다. 죽음 충동의 충족이 자아에게 보여주는 것은 자아가 오랫동안 품어온 전능 소망의 충족이다."[9] 모든 생물에 내재하는, 생명 없는 상태로 회귀하려는 노력으로서의 죽음 충동은 사디즘적 폭력이 자아에게 제공하는 확고한 나르시시즘적 향유를 설명하지 못한다. 사디즘을 설명하려면 전혀 다른 유형의 파괴 충동을 상정해야 한다.

베르나르 마리스에 따르면, 자본주의를 추진하는 힘은 성장에 종사하도록 동원된 죽음 충동이다. 그러나 다음 질문은 대답 없이 남아 있다. 무엇이 자본주의를 이토록 파괴적으로 만드는 비합리적 성장 강제를 유발할까? 무엇이 자본주의를 강제하여 맹목적인 축적을 추구하게 만들까? 이 대목에서 죽음이 숙고할 거리로 등장한다. 자본주의는 죽음의 부정을 기반으로 삼는다. 자본은 절대적 손실인 죽음에 맞서 축적된다. 죽음은 생산 및 성장 강제를 유발한다. 마리스는 죽음을 거의 눈여겨보지 않는다. 프로이트도 죽음을 따로 다루지 않는다. 죽음 소망으로서의 죽음 충동은 바로 방금 언급한 죽음을, 불안으로 표출되는 죽음을 사라지게 만든다. 특이하게도 프로이트는 모든 생물이 죽음에 맞서 싸운다는 사실을 고려하지 않는다. 죽음 충동을 상정함으로써 "온 세계에 맞서 자기를 주장하는, 어떤 맥락에도 끼워넣을 수 없는, 수수께끼 같은 유기체의 노력이 제거된다"[10]라는 프로이트의 견해는 기이하게 느껴진다. 그러므로 다음과 같은 주장은 엉뚱하지 않다. 프로이트의 죽음 충동 개념은 궁극적으로 죽음을 몰아내기 위한 무의식적 전략이다.[11]

인간 특유의 공격성 곧 **폭력**Gewalt은 죽음 의식과 밀접하게 관련되어 있다. 오로지 인간만 죽음 의식을 가지고 있다. 축적 논리가 폭력의 경제를 지배한다. 더 많은 폭력을 행사하는 사람일수록 자신이 더 강한 권력을 지녔다고 느낀다. 축적된 살해 폭력은 성장, 힘, 권력, 상처 입지 않음, 불멸의 느낌을 산출한다. 사디즘적 폭력과 짝을 이루는 나르시시즘적 향유는 바로 이 권력 성장에서 유래한다. 살해는 죽음을 막는다. 인간은 살해함으로써 죽음을 장악한다. 더 많은 살해 폭력은 더 적은 죽음을 의미한다. 핵 군비경쟁도 이 같은 자본주의적 폭력 경제의 원리를 따른다. 축적된 살해 능력은 상상 속에서 생존 능력으로 취급된다.

원시적 폭력 경제를 생생히 보여주는 그림은 잇따른 피의 복수가 이룬 폭력 나선이다. 원시 사회에서 모든 죽음은 폭력이 작용한 결과로 해석된다. 따라서 심지어 "자연스러운" 죽음도 복수를 유발할 수 있다. 폭력을 당해 죽음이 발생하면, 그 폭력에 맞서 대항 폭력이 행사된다. 모든 죽음이 집단을 약화한다. 그러니 살해 폭력을 당한 집단도 권력감을 재건하기 위하여 살해해야 한다. 피의 복수는 되갚기도 아니고 형벌도 아니다. 피의 복수에서 책임을 추궁당하는 범행자는 없다. 형벌은 합리화된 복수이며, 피의 복수가 눈덩이처럼 확대되는 것을 저지한다. 형벌과 달리 피의 복수는 목표가 불명확하며 바로 그렇기 때문에 괴멸적이다. 심지어 복수를 결심한 집단이 애먼 사람들을 죽이는 일도 벌어질 수 있다. 아킬레우스는 친구 파트로클로스의 죽음에 복수하기 위해 닥치는 대로 죽일뿐더러 죽이라고 명령한다. 그리하여 적이 아닌 사람들도 살해된다. 또 무수한 동물이 도살된다.

돈을 뜻하는 독일어 "Geld(겔트)"의 어원은 제물과 숭배의 맥락을 암시한다. 겔트는 원래 제물로 쓸 동물을 마련할 때 쓰는 교환수단이었다. 많은 겔트를 소유한 사람은 신적인 살해 폭력을 거머쥐었다. "겔트의 어원은 숭배 제사로 거슬러 올라가는데, 그 어원을 따져보면 겔트는 말하자면 냉동된 제물의 피다. 겔트를 주변에 뿌리고, 흐르게 하고, 겔트가 흐르는 것을 보면, 전투에서 또는 제단 위에서 피가 흐르는 것과 유사한 효과가 발생한다."[12] 축적된 겔트는 그 소유자에게 포식동물의 지위를 부여한다. 축적된 겔트의 소유자는 죽음에 대한 면역력을 얻는다. 축적된 살해 능력이, 성장하는 자본자산이 죽음을 밀어낸다는 원시적인 믿음은 심층심리학적 수준에서 유지된다.

자본의 축적 논리는 원시적 폭력 경제에 딱 들어맞는다. 자본은 현대의 마나Mana처럼 군다. 마나는 상대를 죽일 때 획득하는 신비로운 권력 물질Machtsubstanz이다. 사람들은 권력을 지녔다는 느낌과 상처 입지 않는다는 느낌을 산출하기 위하여 마나를 축적한다. "전사는 자기가 죽인 모든 상대의 마나를 자신의 몸 안에 품고 있다고 사람들은 여겼다. […] 살해에 성공할 때마다 전사의 창이 보유한 마나도 증가했다. […] 상대의 마나를 즉각 몸에 흡수하기 위하여 전사는 상대의 살을 먹었다. 그리고 이 늘어난 권력을 전투 중에 자신에게 붙들어두기 위하여 전사는 패배한 적의 이런저런 신체 잔여를 무장의 한 부분으로서 몸에 걸쳤다. 뼈, 말라비틀어진 손, 심지어 때로는 두개골 전체를 말이다."[13] 자본의 축적은 마나의 축적과 같은 효과를 낸다. 성장하는 자본은 성장하는 권력을 의미한다. 더 많은 자본은 더 적은 죽음을 뜻한다. 죽음으로부터 달아나기 위해 자본이 축적된다. 자본은 흘러간 시간으로도 해석된다. 무한한 자본은 무한한 시간의 환상을 산출한다. 시간은 돈이다. 한정된 수명 앞에서 사람들은 자본 시간을 축적한다. 샤미소의 단편소설 〈페터 슐레밀의 기이한 이야기〉는 자본주의 경제를 다룬 우화로 읽힌다. 슐레밀은 악마에게 자신의 그림자를 팔고 그 대가로 황금이 가득 든 주머니를 얻는다. 주머니 속의 황금은 영영 고갈되지 않는다. 그 황금 주머니는 무한한 자본을 상징한다. 악마와 맺은 계약은 자본주의와 맺은 계약으로 밝혀진다. 무한한 자본은 몸과 죽음을 상징하는 그림자를 사라지게 한다. 그러나 머지않아 슐레밀은 그림자 없는 삶은 가능하지 않음을 깨닫는다. 그는 좀비가 되어 온 세상을 떠돈다. 이 단편소설의 교훈을 한마디로 요약하면, 죽음은 삶의 일부라는 것이다. 작품은 이런 충고로 마무리된다. "하지만 당신, 나의 친구여. 당신은 사람들 사이에서 살고자 하니, 무엇보다도 먼저 그림자를 존경하는 법을 배우게. 그런 다음에 돈을 존경하는 법을 배우게나."

무당이 신에 씌듯이, 자본주의는 죽음에 씌어 있다. 죽음에 대한 무의식적 두려움이 자본주의를 추진한다. 자본주의의 축적 및 성장 강박은 임박한 죽음 앞에서 깨어난다. 그 강박은 생태적 재앙뿐 아니라 여러 정신적 재앙도 불러온다. 파괴적 성취 강박은 자기주장과 자기파괴를 하나로 합친다. 사람들은 자신을 죽도록 최적화한다. 무자비한 자기 착취는 정신적 붕괴를 불러온다. 잔인한 경쟁 전투는 파괴적인 효과를 낸다. 그 전투는 타인에 대한 냉정함과 무관심을 낳고 자신에 대한 타인의 냉정함과 무관심을 유발한다.

자본주의 사회들에서 죽은 사람과 죽어가는 사람은 점점 더 보기 어려워진다. 그러나 죽음을 간단히 사라지게 만들 수는 없다. 예컨대 공장이 없어지면, 어디에나 일거리가 있게 된다. 수용 시설들이 사라진다면, 그것은 광기가 정상으로 되었기 때문이다. 죽음에 대해서도 마찬가지다. 죽은 사람들이 보이지 않으면, 사후강직이 삶을 압도한다. 삶은 딱딱하게 굳어 생존이 된다. "죽음이 내몰려 생존 안으로 들어가면, 삶 자체가 죽음을 통해 결정된 생존으로 전락한다."[14]

삶을 죽음으로부터 떼어놓기는 자본주의 경제의 본질적인 요소인데, 이 떼어놓기가 **설죽은 삶을, 산 죽음**을 낳는다. 자본주의는 역설적인 죽음 충동을 산출한다. 자본주의는 삶을 죽인다. 치명적인 것은 죽음 없는 삶을 향한 자본주의의 노력이다. 성과 좀비나 피트니스 좀비, 보톡스 좀비는 설죽은 삶의 모습들이다. 설죽은 자는 어떤 생기도 없다. 오로지 죽음을 받아들여 품는 삶만이 진정으로 생기 있다. **건강 히스테리는 자본 자체의 생명정치적 모습이다.**

자본주의는 죽음 없는 삶을 추구하면서 죽은 자들의 도시가 생겨나게 한다. 그 도시는 인간적인 소음과 냄새가 없도록 정화한, 살균된 **죽음의 방**이다. 삶의 과정들은 완전히 바뀌어 기계적 과정들이 된다. 인간의 삶을 철저히 기능에 맞추는 것부터가 벌써 죽음의 문화다. 성과 원칙은 인간을 기계에 가깝게 만들고 인간 자신으로부터 소외시킨다. 데이터주의와 인공지능은 생각하기 자체를 사물화한다. 생각하기가 계산하기로 된다. 생동하는 회상은 기계적인 기억으로 대체된다. 오직 죽은 자들만 모든 것을 기억한다. 서버팜server farm(서버들을 모아놓고 관리하는 시설―옮긴이)은 죽음의 장소다. 우리는 생존하기 위해서 우리 자신을 산 채로 매장한다. 생존을 희망하면서 우리는 죽은 가치를, 자본을 축적한다. 죽은 자본이 생동하는 세계를 없앤다. 이것이 자본의 죽음 충동이다. 삶을 생명 없는 사물들로 변환하는 **네크로필리아**(시간증屍姦症)가 자본주의를 지배한다. 생존의 치명적 변증법은 삶을 죽은 것으로, 설죽은 것으로 돌변하게 한다. 에리히 프롬은 네크로필리아가 지배하는 세계를 이렇게 묘사한다. "세계는 생명 없는 제작물의 집합이 된다. 그것들은 합성 영양소들부터 합성 장기들까지 아우른다. 인간 전체가 총체적 기계장치의 구성요소가 된다. 인간이 그 기계장치를 통제함과 동시에 그 기계장치가 인간을 통제한다. […] 인간은 로봇을 제작하려 애쓴다. 사람들은 로봇을 기술적 정신의 가장 큰 성과로 여긴다. 전문가들은 로봇이 살아 있는 인간과 거의 구별되지 않는 수준에 도달하리라고 장담한다. 이 성취는 우리에게 덜 놀랍게 다가온다. 인

간 자신이 로봇과 거의 구별되지 않는 지경에 이르렀으
니까 말이다. 삶의 세계는 '살아 있지 않은 것'의 세계가
되어버렸다. 인간은 '비인간'이 되었다. 그야말로 죽음의
세계다. 이제 죽음의 상징은 불쾌한 냄새를 풍기는 배설
물이나 시체가 더는 아니다. 지금 죽음의 상징은 청결한,
반짝이는 기계들이다. […]"**15** 죽음 없는 삶, 설죽은 삶은
사물화된, 기계적인 삶이다. **그렇게 불멸은 오로지 삶을 대가
로 치러야만 도달할 수 있게 된다.**

죽음을 몰아내는 자본주의 시스템은 오직 죽음을 통해
서만 종결된다. 보드리야르는 특별한 죽음 충동을 거론
한다. 그는 그 죽음 충동을 프로이트의 죽음 충동에 맞세
우면서 죽음 반란으로 급진화한다. "계속 살 것을 권하며
삶을 자본화하는 시스템 안에서 유일한 대안은 죽음 충
동이다."**16** 죽음을 동원함으로써 죽음 반란은 죽음을 부
정하는 자본주의 시스템을 깨부숴 열고 죽음과 상징적으
로 교류하게 만든다. 보드리야르는 상징계를 삶과 죽음
이 아직 분리되지 않은 영역으로 개념화한다. 상징계는
죽음 없는 삶의 상상계에 맞서 있다. 죽음 반란은 자본주
의 시스템이 상징계에 직면하여 부서지게 한다. "누구도,
심지어 시스템도 상징적 책무를 피해가지 못한다. 그리
고 이 경우에 유일한 기회는 시스템의 파국을 초래하는

것이다. [...] **죽음과 자살의 다양한 도전에 대응하면서 시스템은 자살할 수밖에 없다.**"[17]

보드리야르가 말하는 죽음 반란의 주인공들은 온갖 색깔의 자살자들이다. 그는 심지어 테러에도 전복적 잠재력을 귀속시킨다. 그러나 자살테러범은 죽음을 부정하는 시스템에 **실재하는** 죽음을 맞세운다. 그의 폭력적 살해는 죽음과의 **상징적** 교류를 위해 시스템을 열 능력이 없다. 테러는 자본주의 시스템 자체의 증상이지, 그 시스템의 맞수가 아니다. 자살테러범의 잔인함과 냉정함은 자본주의 사회의 잔인함과 냉정함을 반영한다. 더구나 자살테러범은 자본주의 사회 거주자들과 성격 프로필을 공유한다. 그의 자살은 **자기 내보이기**Selbst-Produktion의 형태를 띤다. 그는 자살을 궁극의 셀피로 상상한다. 폭탄을 폭발시키는 단추 누르기는 카메라 셔터 누르기를 닮았다. 자살테러범은 범행 직후 자신의 사진이 미디어를 도배하리라는 것을 의식한다. 이제껏 관심받지 못한 그에게 집중적인 관심이 보상으로 쏟아질 것이다. 자살테러범은 폭발물 띠를 두른 나르키소스다. 그렇게 테러는 최후의 진정한 행동으로 간주된다.

죽음 충동은 자본주의 시스템을 뒤엎을 수 없을 것이다. 삶과 죽음의 분리를 되돌리고 삶을 다시 죽음에 참여하게 하는 다른 삶꼴이 필수적이다. 모든 정치 혁명에 앞서 삶에 죽음을 되돌려주는 의식 혁명이 선행해야 한다. 삶은 오로지 죽음과 교류할 때만 생동한다는 점, 죽음에 대한 거부는 모든 생동하는 현재를 파괴한다는 점을 또렷이 의식해야 한다. "죽음에 맞선 싸움은 과거와 미래에 대한 지나친 강조를 유발한다. 그러는 사이에 현재는—다름 아니라 삶은—없어진다."[18]

생물학적으로 파악된 삶의 종말로서의 죽음은 유일하거나 유일하게 참된 죽음 유형이 아니다. 죽음을 연속적인 과정으로, 이미 사는 동안에 정체성을 점차 잃는 과정으로 파악할 수도 있다. 그러면 죽음은 이미 죽음 전에 시작된다. 주체의 정체성은 변함없이 유지되는 이름보다 훨씬 더 복잡하다. 주체는 늘 자기 자신으로부터 벗어난다. 근대의 죽음 개념은 생물학적 기능에 초점을 맞춘 견해를 통해 규정된다. 그 개념은 죽음을 언젠가 기능이 멈추는 신체에 국한한다.

조르주 바타유는 죽음을 삶의 집약 형태로 이해한다. 죽음은 삶에 집약적인 것들을 선사한다. 죽음은 과잉, 과도, 낭비, 방탕, 소진이다. 죽음에서 나오는 비틀거림은 본질적으로 에로틱한 경험이다. "사랑이 우리 안에서 **죽음과 같지** 않다면, 사랑은 없다."[19] 바타유는 저술 《에로티즘》의 말문을 이렇게 연다. "에로티즘이란 죽음 안으로 들어갈 정도로 삶을 긍정하는 것이라고 할 수 있다."[20] 프로이트는 에로스와 죽음 충동을 맞세운 반면, 바타유는 죽음과 에로스의 이웃 관계를 상기시킨다. 최고로 고조된 삶 충동은 죽음 충동에 접근한다. 그러나 이 죽음 충동은 프로이트의 죽음 충동과 달리 삶 자체의 표출이다. 삶과 죽음은 에로틱한 것을 매체로 삼아 서로 교류한다. 과잉과 소진으로서 죽음은 반反경제 원리다. 죽음은 자본주의 시스템을 뒤엎는 힘을 발휘한다. "삶이 가치와 효용을 통해 규정되는 시스템 안에서 죽음은 효용 없는 사치이자 유일한 대안이 된다."[21] 에로티즘은 연속성의 모험이다. 에로티즘은 경제의 기반인, 각자 고립된 개인의 불연속성과 단절한다. 에로티즘은 나에게 죽음을 준다. 죽음은 **타자 안에서 자기를 잃기**이며, 이 자기 상실이 나르시시즘을 끝장낸다.

자본주의 조직화의 기반은 욕구와 소망이며, 이것들은 소비와 생산에 반영되어야 한다. 격정과 집약성은 쾌적한 느낌과 귀결 없는 흥분에 밀려난다. 모든 것이 소비 및 향유 양식이 되면서 평준화된다. 고통 같은 부정적인 것들은 긍정적인 욕구 충족을 위해 제거된다. 죽음은 단적으로 부정적이다. 생산 강제는 죽음을 없앤다. 사랑도 자본주의적 과정에 적응하고 욕구로서의 성性으로 쪼그라든다. 타자는 성적대상으로 전락하고, 나르시시스적 주체는 그런 타자에 달라붙어 자신의 욕구를 충족한다. 다름을 빼앗긴 타자는 단지 소비된다.

자본주의는 죽음을 부정함으로써 형이상학을 상속받는다. 자본주의는 다름 아니라 무한한 자본을 추구하는 유물론적 형이상학이다. 일찍이 플라톤은 죽은 자들이 없는 도시를 꿈꿨다. 그의 이상 국가는 죽은 자들을 엄격히 차별한다. 대화편《법률》에서 보듯이, 모든 경작 가능한 땅에는 무덤이 없어야 한다. 무덤은 살아 있는 자들이 아무런 피해도 보지 않도록 배치되어야 한다. 죽은 자를 필요 이상으로 오래 집에 모시면 안 된다. 구체적으로 말하면, 오직 가짜 죽음일 가능성을 확인할 목적으로, 최대 3일 동안 집에 모셔야 한다. 플라톤은 살아 있는 자가 죽음과 상징적으로 교류하는 것을 일절 금지한다. 죽은 자들은 몰아내야 할 죽음을 상기시킨다. 죽은 자들은 최대한 신속하게 치워버려야 할 쓰레기처럼 취급된다. 그러나 죽음을 오물처럼 기피하는 삶은 자신의 분비물 속에 잠겨 질식할 수밖에 없을 것이다.

아도르노는 죽음을 부정하는 형이상학에, "축소되지 않은, 숭고화되지 않은 죽음 의식을 받아들이는"[22] 사고를 맞세운다. 죽음에서 몰려난 부분을 그것의 온전한 무게 그대로 의식 안에 받아들일 필요가 있다. 인간적인 의식은 죽음을 피하지 못한다. 죽음을 한낱 파괴자로 여겨 부정하는 삶은 스스로 파괴적인 특징들을 발전시킨다는 점, 건강은 자본의 이데올로기요 심지어 질병이라는 점을 아도르노도 알았다. 생존 히스테리는 삶을 일그러뜨린다. 아도르노는 설죽은 삶의 추한, 암 덩어리처럼 번성한 혹들에 아름다움을 맞세운다. 아름다움은 죽음의 부정성으로부터 자극을 받아 활기를 띤다. "건강한 자의 번성은 항상 이미 또한 병이다. 이 병의 해독제는 자기를 의식한 병으로서의 병, 삶 자체의 제한이다. 이런 치료 효과가 있는 병은 아름다움이다. 아름다움은 삶에게 멈춤을 명령하고 따라서 삶의 쇠퇴를 명령한다. 그럼에도 삶을 위해 그 병을 부인하면, 실체화된hypostasiert 삶은 다른 계기Moment로부터 맹목적으로 분리되어 있기 때문에 바로 이 계기로, 파괴적인 것과 악으로, 뻔뻔함과 오만으로 넘어간다. 파괴적인 것을 증오하는 사람은 삶도 증오해야 한다. 오직 죽은 것만이 일그러지지 않고 살아 있는 것을 비유로 보여준다."[23] 살아 있음은 우호성이다. 죽을 능력이 있는 삶은 우호적이다.

프로이트는 비록 죽음에 대하여 양면적 태도를 보였지

만 삶과 죽음의 화해가 필수적임을 확실히 의식했다. 죽음을 무의식적으로 몰아내기는 죽음을 의식적으로 허용하기에게 자리를 내주고 물러나야 한다. "실재와 우리의 생각 안에서 죽음이 차지해야 마땅한 자리를 죽음에게 허용하고, 이제껏 우리가 아주 세심하게 억압해온, 죽음에 대한 우리의 무의식적 태도를 조금 더 드러내는 편이 더 낫지 않을까? 그것은 더 높은 성취가 아닌 듯하다. 오히려 몇몇 부분에서는 퇴보요 퇴행인 듯하다. 그러나 그것은 참다움Wahrhaftigkeit을 더 많이 고려하고 우리의 삶을 다시 더 견딜 만하게 만드는 장점이 있다."[24] 삶을 긍정한다는 것은 또한 죽음을 긍정한다는 것이다. 죽음을 부정하는 삶은 삶 자신을 부정한다. 오로지 삶에게 죽음을 되돌려주는 삶꼴만이 우리를 설죽은 삶의 역설로부터 해방한다. **우리는 죽기에는 너무 생기가 넘치고 살기에는 너무 죽어 있다.**

인간에 대한 총체적 착취

고객 평생 가치customer lifetime value란 기업의 입장에서 한 사람이 평생 고객으로서 얼마나 큰 가치를 지녔는지 말해주는 표현이다. 이 개념의 바탕에 깔린 의도는 개인 전체, 개인의 삶 전체를 순수한 상업적 가치로 변환하는 것이다. 오늘날의 과도過度자본주의는 인간 실존을 완전히 용해하여 상업적 관계의 연결망 속으로 스며들게 만든다. 상업적 활용에서 벗어난 생활 영역은 이제 더는 없다.

다름 아니라 점점 더 심화하는 사회의 디지털화가 인간 삶의 상업적 착취를 훨씬 수월하게 만들고 확대하고 가속한다. 디지털화는 이제껏 상업적 활용이 불가능했던 생활 영역을 경제적 착취에 예속시킨다. 그러므로 오늘날 절실히 필요한 것은 새로운 생활 영역을 창출하는 것,

더 나아가 인간 삶에 대한 상업의 총체적 착취에 저항하는 새로운 삶꼴을 개발하는 것이다.

애플의 뉴욕 플래그십 스토어는 어느 모로 보나 과도자본주의 사원이다. 그 상점은 온통 유리로 된 정육면체다. 내부는 비어 있다. 요컨대 그 상점이 진열하는 것은 다름 아니라 그 상점의 특유한 투명성이다. 정작 매매가 이루어지는 상점은 지하로 내려가야 있다. 투명성은 그곳에서 물질적 형체를 띤다.

그 투명한 애플 상점은 메카에 있는, 검은 장막으로 둘러싸인 카바Kaaba의 건축학적 맞짝Gegenbild이라고 할 만하다. 카바의 글자 그대로의 뜻은 정육면체다. 그 검은 건축물에는 투명성이 전혀 없다. 그 건축물은 역시나 비어 있으며 과도자본주의적 질서에 맞선 신학적 질서를 상징한다.

뉴욕에 있는 애플 플래그십 스토어와 메카에 있는 카바는 두 가지 지배 형태를 표현한다. 투명한 정육면체는 자유를 연상시키고 한계 없는 소통을 상징한다. 그러나 이 투명성은 그 자체로 지배 형태다. 오늘날 지배는 디지털 전체주의의 형태를 띤다. 그 정육면체는 새로운 지배를 선포한다. 과도자본주의의 지배를. 그 정육면체는 오늘날의 총체적 소통을 상징한다. 지금 총체적 소통은 총체적 감시 및 착취와 점점 더 많이 겹쳐진다.

카바는 폐쇄되어 있다. 오직 성직자만 그 건물 안으로 들어갈 수 있다. 반면에 뉴욕의 투명한 정육면체는 24시간 내내 열려 있다. 누구나 고객으로서 그 안에 들어갈 수 있다. 요컨대 서로 맞선 두 가지 지배 질서가 우리 앞에 놓여 있다. 하나는 폐쇄의 지배, 다른 하나는 개방의 지배다. 물론 후자가 전자보다 더 효율적이다. 왜냐하면 개방의 지배는 자유로 자처하기 때문이다. 과도자본주의가 유리 정육면체를 세워 과도過度소통을 경축한다. 과도소통은 모든 것에 스며들고, 모든 것을 속속들이 비추고, 모든 것을 화폐로 변환한다. 유리 정육면체와 지하의 애플 상점에서 소통과 상업과 소비가 통합된다.

지구 전체를 누비는 기업들은 소비 행태, 가족 상황, 직업, 선호, 취향, 거주 형태, 소득에 관한 데이터를 수집한다. 그 기업들이 사용하는 알고리즘은 미국 국가안보국(NSA)이 사용하는 것과 그리 다르지 않다.

백화점으로서의 세계는 알고 보면 총체적 감시가 이루어지는 디지털 파놉티콘(원형 감옥)이다. 총체적 감시와 총체적 착취는 동전의 양면이다. 액시엄Acxiom(데이터베이스 마케팅 전문기업—옮긴이)은 사람들을 오로지 경제적 관점에서 70가지 범주로 분류한다. 고객으로서의 가치가 매우 낮은 개인들의 집단은 "웨이스트waste"라고 불린다. 쓰레기라는 뜻이다.

빅데이터는 인간의 행동을 예측할 수 있게 해준다. 따라서 미래를 예측하고 조작하는 것이 가능하다. 알고 보면 빅데이터는 매우 효과적인 심리정치적 도구다. 그 도구는 인간을 꼭두각시처럼 조종할 가능성을 열어준다. 빅데이터는 지배를 위한 지식을 산출한다. 그 지식은 당사자가 알아채지 못하는 사이에 그의 심리에 개입하고 영향을 미치는 것을 가능케 한다. 디지털 심리정치는 인격체를 수량화할 수 있고 조종할 수 있는 대상으로 격하한다. 그렇게 빅데이터는 자유의지의 종말을 선포한다.

헌법학자 카를 슈미트에 따르면, 주권자란 비상사태에 대한 처분권을 가진 자다. 여러 해 뒤에 슈미트는 이 유명한 문장을 이렇게 수정했다. "제2차 세계대전이 끝나고 나의 죽음이 다가온 지금 나는 이렇게 말한다. 주권자란 공간의 파동들에 대한 처분권을 가진 자다." 슈미트는 평생 라디오와 텔레비전을 두려워했다고 한다. 이유는 그 미디어들의 조작 효과에 있었다. 오늘날 디지털 지배 체제에서 주권의 정의는 다시 한번 이렇게 수정되어야 할 듯하다. '주권자란 망 내부의 데이터에 대한 처분권을 가진 자다.'

디지털 연결망이 형성되면, 개인에 대한 총체적 평가와 총체적 조명照明이 가능해진다. 개인에 관한 데이터의 수집이 은밀히 내포한 위험 앞에서 오늘날 정치는 그 수집 관행을 대폭 제한하라는 요구를 받는다.

슈파Schufa(독일 신용평가 회사—옮긴이)를 비롯한 평가 회사들도 차별 효과를 낸다. 인격체에 대한 경제적 평가는 인간 존엄의 이념에 반한다. 어떤 인격체도 알고리즘을 통한 평가의 대상으로 격하되어서는 안 된다.

예컨대 독일에서 신성하고 자명한 지위에 오른 슈파가 얼마 전에 유용한 정보를 얻기 위해 사회연결망들을 샅샅이 조사할 생각을 품었다는 점에서 그 회사의 심층적 의도를 알 수 있다. "우리는 신뢰를 창출한다"라는 슈파의 광고 문구는 신뢰를 제대로 짓밟고 조롱한다. 무슨 말이냐면, 슈파 같은 회사들은 신뢰를 그야말로 완벽하게 없애고 통제로 대체한다. 신뢰란 타인을 모름에도 불구하고 타인과 긍정적 관계를 맺는 것을 말한다. 신뢰 덕분에 우리는 앎이 부족해도 행위할 수 있다. 내가 타인에 관한 모든 것을 사전에 알면, 신뢰는 불필요하다. 슈파는 매일 20만 건 이상의 신용 조회를 처리한다. 이것은 통제 사회에서만 가능한 일이다. 신뢰 사회에서는 슈파 같은 회사들이 필요하지 않다.

신뢰는 신뢰로 보답받지 못할 가능성을, 배신당할 가능성을 함축한다. 그러나 이 배신 가능성은 신뢰 자체가 성립하기 위한 필수조건이다. 자유도 어느 정도의 위험을 함축한다. 안전을 명분으로 모든 것을 통제하고 감시하는 사회는 전체주의로 전락한다.

성큼 다가온 디지털 전체주의 앞에서 유럽의회 의장 마르틴 슐츠는 최근에 디지털시대를 위한 기본권 헌장의 제정이 시급히 필요하다고 지적했다. 독일 내무장관을 지낸 게르하르트 바움도 포괄적인 데이터 감축을 촉구한다.

지금 반드시 필요한 것은 데이터 전체주의를 피하기 위한 새롭고 근본적인 사유의 실마리다. 일정한 범위의 개인 관련 데이터에 만기를 부여하여 시간이 지나면 그 데이터가 자동으로 소멸하는 것도 구체적인 기술적 가능성과 더불어 숙고되어야 한다. 이 조치는 막대한 데이터 감축을 유발할 텐데, 그런 감축은 오늘날의 데이터 광기를 고려할 때 반드시 필요하다.

디지털 기본권 헌장만으로는 데이터 전체주의를 막을 수 없다. 더 나아가 의식과 태도의 변화를 일으킬 필요가 있다. 오늘날 우리는 단순히 낯선 세력이 조종하는 디지털 파놉티콘의 수인 혹은 희생자에 불과하지 않다.

원래 파놉티콘은 제러미 벤담이 구상한 감옥 건물이

었다. 간수는 그 원형 건물의 외곽에 위치한 수인들을 중앙의 감시탑에서 감시한다. 디지털 파놉티콘에서 우리는 단지 수인으로 머물지 않는다. 도리어 우리 자신이 실행자다. 우리는 디지털 파놉티콘의 건설에 적극 참여한다. 심지어 스스로 발가벗음으로써 그 참여를 즐긴다. 무슨 말이냐면, 자가 건강 측정 운동Quantified self movement에 동참하는 무수한 사람들처럼 우리는 몸에 케이블을 연결하여 수집한 자신의 신체 관련 데이터를 자발적으로 인터넷에 공개한다. 새로운 지배는 우리에게 침묵을 부과하지 않는다. 오히려 끊임없이 알리고, 참여하고, 우리의 견해, 욕구, 바람, 선호를 소통하라고, 한마디로 우리의 삶을 이야기하라고 촉구한다.

1980년대 독일에서는 모든 사람이 인구조사에 맞서 바리케이드까지 설치하며 격렬히 저항했다. 어느 시청에서는 폭탄이 터졌다. 심지어 학생들도 거리에 나섰다. 대규모 시위가 곳곳에서 벌어졌다.

오늘날의 관점에서 보면 그것은 이해할 수 없는 반응이다. 정부가 알아내려 한 정보들은 대수롭지 않았다. 예컨대 직업, 학력, 가족 상황, 출근 거리 등이 조사되었다. 오늘날 우리는 우리에 관한 데이터 수백 수천 건이 수집되고, 저장되고, 전달되고, 판매되는 것에 아무런 반감이 없다. 그에 맞서 바리케이드를 쌓고 저항하는 사람은 아무도 없다. 구글이나 페이스북에 맞선 대규모 저항은 일어나지 않을 것이다.

인구조사의 시대에 사람들은 자신이 지배기관으로서의 국가에 맞서 있다고 믿었다. 국가가 시민들의 의사에 반하여 그들의 비밀을 캐내려 한다고 말이다. 그 시대는 오래전에 지나갔다. 지금 우리는 어떤 강제도, 어떤 명령도 없는데 자발적으로 발가벗는다. 우리 자신에 관한 모든 가능한 데이터와 정보를 인터넷에 올린다. 우리에 관해서 누가 무엇을 언제 어떤 기회로 아는지 모르는 채로 말이다.

이 같은 자기 정보에 대한 통제 불가능성은 심각하게 받아들여야 할 자유의 위기다. 우리가 그런 식으로 데이터를 마구 뿌리는 현재 상황에서는 데이터 보호라는 개념도 시대에 뒤처졌다. 오늘날 우리는 단순히 국가 감시의 희생자가 아니라 시스템 안의 적극적 실행자다. 우리는 자발적으로 사적인 피난처들을 포기하고 우리 자신을 디지털 연결망에 내맡긴다. 디지털 연결망이 우리를 속속들이 침범하고 조명한다.

디지털 소통은 새로운 생산(내보이기) 형태로서 난공불락의 요새 같은 피난처들을 없애고 모든 것을 정보와 데이터로 변신시킨다. 그리하여 우리를 보호하는 거리距離가 모조리 사라진다. 디지털 과도소통에서 모든 것이 모든 것과 뒤섞인다. 내부와 외부를 가르는 장벽도 점점 더 투과성이 높아진다. 총체적 연결망을 이룬 세계 안에서 인격체는 인터페이스가 된다. 과도자본주의는 이 같은 디지털 무방비상태를 촉진하고 착취한다.

우리는 새삼 진지하게 자문해야 할 듯하다. 우리는 과연 어떤 삶을 살고자 하는가? 우리는 계속해서 우리 자신을 인격체에 대한 총체적 감시와 착취에 내맡기고 우리의 자유와 존엄을 포기하고자 하는가? 다시 함께 저항을 조직할 때다. 이번엔 성큼 다가온 디지털 전체주의에 맞선 저항이다. 게오르크 뷔히너의 다음과 같은 말은 시의성을 조금도 잃지 않았다. "우리는 꼭두각시이고, 낯선 힘들이 줄을 당긴다. 어떤 것도, 그 어떤 것도 우리 자신이 아니다!"

디지털 파놉티콘에서

지금 모든 것이 스마트해지고 있다. 머지않아 우리는 스마트 도시에서 살게 될 것이다. 거기에서 모든 것은 그야말로 하나도 빠짐없이 서로 연결될 것이다. 인간들뿐 아니라 사물들도 연결망에 통합될 것이다. 우리는 친구들뿐 아니라 가전제품, 반려동물, 냉장고 안의 식료품으로부터 이메일을 받게 될 것이다. 사물인터넷이 그것을 가능케 한다. 스마트 도시에서 우리는 모두 구글 글래스를 착용하고 돌아다닌다. 따로 요청하지 않더라도 우리는 언제 어디서나 유용한 정보를 제공받는다. 이를테면 식당, 바, 연주회장으로 가는 길을 안내받는다. 그 데이터 안경은 또한 우리를 대신하여 결정한다. 그 안경은 심지어 데이팅 앱을 이용하여 우리가 사랑과 섹스에서 더 효

율적으로 더 많이 성공하도록 돕는다

그 데이터 안경은 우리의 시야를 스캔하며 유용한 정보를 탐색한다. 우리는 모두 성공적인 정보 사냥꾼이 된다. 그러면서 사냥꾼 시각에 예속된다. 정보를 기대할 수 없는 시야는 암흑으로 처리된다. 행복의 공식이라고 할 만한, 사물 곁에 관조적으로 하염없이 머무르기는 정보 사냥에 완전히 밀려난다. 인간의 지각은 마침내 완벽한 효율성에 도달한다. 그리하여 우리는 주의를 받을 자격이 없다시피 하거나 정보를 제공할 가망이 적은 사물들에 더는 한눈팔지 않는다. 인간의 눈 자체가 효율적인 검색엔진으로 변신한다.

다른 한편으로 사물인터넷은 투명사회를 완성한다. 이제 투명사회는 총체적 감시사회와 다르다. 우리를 둘러싼 사물들이 우리를 관찰하고 감시한다. 그것들은 우리가 하는 일과 하지 않는 일에 관한 정보를 끊임없이 송출한다. 예컨대 냉장고는 우리의 식습관을 안다. 연결망에 속한 칫솔은 우리의 치아 건강에 관해서 안다. 사물들은 삶의 총체적 기록에 능동적으로 참여한다. 디지털 통제사회는 또한 데이터 안경을 감시용 카메라로, 스마트폰을 도청기로 변신시킨다.

오늘날 우리가 하는 모든 클릭은 저장된다. 우리의 모

든 행보를 재구성할 수 있다. 우리는 우리의 디지털 흔적을 모든 곳에 남긴다. 연결망은 우리의 디지털 습관을 정확히 반영한다. 삶의 총체적 기록은 신뢰를 정보와 통제로 완벽하게 대체한다.

신뢰는 타인에 관한 상세한 앎이 없더라도 타인과 관계 맺는 것을 가능케 한다. 디지털 연결망은 정보 획득을 대단히 쉽게 만들고, 그 결과로 사회적 관행으로서의 신뢰는 점점 더 중요성을 잃는다. 신뢰가 통제에 밀려난다. 이처럼 투명사회는 통제사회와 구조적으로 유사하다. 정보를 아주 쉽게 얻을 수 있는 곳에서 사회 시스템은 신뢰 대신에 통제와 투명성을 선택한다.

빅브라더의 자리를 빅데이터가 차지한다. 물샐틈없는, 삶의 총체적 기록은 투명사회를 완성한다. 그 사회는 디지털 파놉티콘인 셈이다.

파놉티콘이라는 개념은 영국 철학자 제러미 벤담에게서 유래했다. 그는 18세기에 수인들에 대한 총체적 감시를 가능케 해주는 감옥 건물을 구상했다. 원의 중심에 감시탑이 있고, 원둘레에 감방들이 배치된다. 감시탑은 빅브라더가 모든 것을 환히 볼 수 있게 해준다. 수인들은 규율 목적으로 제각각 고립되며 서로 대화할 수 없다. 반면에 디지털 파놉티콘의 거주자들은 서로 열심히 소통하고 자발적으로 발가벗는다. 디지털 통제사회는 자유를 집중적으로 이용한다. 그 사회는 오로지 자발적인 자기 조명 및 노출 덕분에 가능하다.

디지털 통제사회에서는 포르노적 전시와 파놉티콘적 통제가 하나로 합쳐진다. 거주자들이 외적 강제가 아니라 내적 욕구에 따라 자기를 알릴 때, 바꿔 말해 사적이며 친밀한 영역을 포기해야 하는 것에 대한 두려움이 그 영역을 부끄러움 없이 내보이려는 욕구에 밀려날 때, 그리고 자유와 통제가 구별 불가능하게 될 때, 감시사회는 완성에 이른다.

벤담이 말한 파놉티콘의 빅브라더는 단지 바깥에서만 수인들을 관찰할 수 있다. 그들의 내면에서 무슨 일이 벌어지는지 그는 모른다. 그는 그들의 생각을 읽어낼 수 없다. 반면에 디지털 파놉티콘에서는 거주자들의 생각에 침입하는 것이 가능하다. 디지털 파놉티콘의 엄청난 효율성이 바로 이 가능성에서 나온다. 거기에서는 사회를 심리정치적으로 조종하는 것이 가능하다.

오늘날 투명성은 정보 자유(공적 정보에 접근할 권리—옮긴이)나 민주주의를 명분으로 촉구된다. 그러니 실제로 투명성은 이데올로기요 신자유주의적 장치다. 투명성 이데올로기는 모든 것을 강제로 바깥을 향하게 함으로써 정보로 만든다. 오늘날의 비물질적 생산방식에서 더 많은 정보와 소통은 더 높은 생산성과 가속도와 성장률을 의미한다.

비밀이나 낯섦, 다름은 한계 없는 소통의 장애물이다. 따라서 그것들은 투명성을 명분으로 제거된다. 투명성 장치로부터 대세 순응 강제가 나온다. 투명성의 논리는 폭넓은 동의를 조장한다. 그 결과는 총체적 순응성이다.

조지 오웰이 묘사한 감시국가에서 이상적인 언어는 "뉴스피크Newspeak"라고 불린다. 그 언어가 "올드스피크Oldspeak"를 완벽하게 대체해야 한다. 뉴스피크의 유일한 목표는 생각의 재량 공간을 좁히는 것이다. 사상 범죄는 그 범죄에 필수적인 단어들이 어휘에서 제거되는 것을 통해 벌써 불가능해져야 한다. 그리하여 "자유"라는 단어도 제거된다. 이 면모만 봐도, 오웰의 감시국가는 오늘날의 디지털 파놉티콘과 다르다. 후자는 다름 아니라 자유를 과도하게 이용한다.

텔레스크린과 고문실을 갖춘 오웰의 감시국가는 인터넷, 스마트폰, 구글 글래스를 갖춘 디지털 파놉티콘과 전혀 다르다. 후자에서는 외견상 한계 없는 자유와 소통이 대세다. 거기에서는 고문이 이루어지는 것이 아니라 포스팅과 트윗이 이루어진다. 자유와 통합된 감시는 자유와 맞선 감시보다 훨씬 더 효과적이다.

신자유주의 지배 체제의 권력 기술은 금지적이거나 억압적이지 않고 유혹적이다. 이 체제는 스마트 권력을 동원한다. 그 권력은 금지하는 대신에 매혹한다. 그 권력은 사람들이 복종할 때가 아니라 마음에 들어 할 때 관철된다. 사람들은 소비하고 소통하면서, 특히 '좋아요' 버튼을 클릭하면서 지배 맥락에 예속된다. 스마트 권력은 심리에 밀착하고 아부한다. 심리를 억압하거나 규율하지 않는다. 그 권력은 우리에게 침묵을 부과하지 않는다. 도리어 알리고, 공유하고, 동참하고, 우리의 견해, 욕구, 바람에 관하여 소통하고 우리의 삶을 이야기할 것을 우리에게 끊임없이 촉구한다. 오늘날 우리가 마주한 권력 기술은 우리의 자유를 부정하거나 억압하는 대신에 착취한다. 바로 이것이 지금 닥친 자유의 위기다.

오웰의 감시국가의 특징인 부정의 원리는 긍정의 원리에 밀려난다. 바꿔 말해 욕구들이 억압되는 대신에 부추겨진다. 소통이 억압되는 대신에 극대화된다. 고문으로 짜낸 자백이 밀려나고 그 자리를 자발적 사생활 전시와 디지털 영혼 조명이 차지한다. 스마트폰이 고문실을 대체한다.

벤담의 빅브라더는 눈에 띄지 않지만 수인들의 머릿속

어디에나 있다. 반면에 디지털 파놉티콘에서는 아무도 실제로 감시당한다고 느끼지 않는다. 따라서 오늘날의 디지털 파놉티콘을 규정하기에 "감시국가"라는 용어는 다소 부적절하다. 디지털 파놉티콘에서 사람들은 자유롭다고 느낀다. 그러나 바로 이 느껴지는 자유, 오웰의 감시국가에는 전혀 없는 자유가 문제다. 이 자유가 저항을 봉쇄한다.

1987년에 사람들은 인구조사에 맞서 격렬히 저항했다. 오늘날 감시는 자유로 자처한다. 자유는 알고 보면 통제다.

애플사는 1984년 미국 슈퍼볼 경기 도중에 전설적인 텔레비전 광고를 내보냈다. 그 광고에서 애플사는 오웰의 감시국가에 맞선 해방자로 등장한다. 의지도 없고 감정도 없는 듯한 노동자들이 발맞춰 대규모 홀에 들어가서 텔레스크린에 나타난 빅브라더의 환상적인 연설을 경청한다. 그때 한 여자가 홀에 난입하고, 사상경찰이 뒤쫓는다. 단호히 내달리는 그녀는 들썩이는 가슴 앞에 커다란 망치를 들었다. 그녀는 필사적으로 달려 빅브라더 앞에 도달하더니 망치를 세차게 휘둘러 텔레스크린을 가격한다. 텔레스크린은 폭발하며 불길에 휩싸인다. 사람들은 무감각 상태에서 깨어나고, 이런 내레이션이 나온다. "1월 24일, 애플 컴퓨터가 매킨토시를 출시합니다. 왜 1984년

이 소설《1984》와 다르게 될지, 깨닫게 되실 겁니다." 그러나 애플사의 메시지와 정반대로 1984년은 감시국가의 종말이 아니라 새로운 통제사회의 시작을 선포했다. 새로운 통제사회는 효율성에서 오웰의 감시국가를 여러 배 능가한다.

최근에 알려졌듯이, 미국 국가안보국은 내부 문건들에서 스티브 잡스를 빅브라더라고 칭한다. 핸드폰 사용자들은 "좀비"로 불린다. 그 문건들에서 "스마트폰 착취"가 거론되는 것 역시 납득할 만하다.

진짜 문제는 미국 국가안보국이 아니다. 구글이나 페이스북뿐 아니라, 국제적으로 활동하는 마케팅 회사 액시엄을 비롯한 데이터 기업들도 데이터 수집에 혈안이 되어 있다. 액시엄은 미국에서만 시민 3억 명의 데이터를 보유하고 있다. 거의 모든 미국인의 데이터를 보유한 셈이다. "우리는 당신이 360도 모든 방향에서 당신의 고객들을 살펴볼 수 있게 해드립니다." 파놉티콘을 연상시키는 액시엄의 광고 문구다. 이런 현실 앞에서 에드워드 스노든(미국 국가안보국의 기밀을 폭로한 내부고발자—옮긴이)은 영웅도 아니고 범죄자도 아니다. 그는 디지털 파놉티콘이 되어버린 세계의 비극적인 유령이다.

오직 죽은 것만 투명하다

오늘날 공적 담론에서 투명성만큼 중시되는 열쇳말은 거의 없다. 특히 정보 자유와 관련해서 사람들은 소리 높여 투명성을 외친다. 그러나 투명성을 부패나 민주주의에 관한 사안으로 국한하는 사람은 투명성이 영향을 미치는 범위를 착각하는 것이다. 투명성은 오늘날 시스템적 강제로 표출된다. 투명성 강제가 모든 사회적, 경제적, 정치적 과정들을 움켜쥐고 근본적인 변화의 물결 속으로 내던진다.

투명사회는 긍정 사회다. 사물이 모든 부정성을 떨쳐버릴 때, 매끄러워지고 평평해질 때, 자본과 소통과 정보의 원활한 흐름에 저항 없이 편입될 때, 사물은 투명해진다. 행위가 예측 가능하고 통제 가능한 과정에 예속될 때,

행위가 고유한 특이성을 내려놓고 오로지 가격으로 자신을 표현할 때, 행위는 투명해진다. 그림이 모든 해석적 깊이를, 한마디로 의미를 벗어던지고 포르노처럼 될 때, 그림은 투명해진다. 특유의 긍정성을 띤 투명사회는 같음의 지옥이다.

같음이 같음에게 응답할 때, 같음의 연쇄반응이 일어날 때, 소통의 속도는 극댓값에 도달한다. 다름과 낯섦의 부정성이나 다른 것의 저항성은 같음의 원활한 소통을 교란하고 늦춘다. 투명성은 다름이나 어긋남을 제거함으로써 시스템을 안정화하고 가속한다. 울리히 샤흐트(독일 작가, 언론인—옮긴이)는 일기에 이렇게 쓴다. "획일화를 뜻하는 새 단어: 투명성".

투명성을 뜻하는 독일어 Transparenz는 라틴어 trans와 parere의 조합에서 유래했다. 원래 parere는, 누군가의 명령에 따라 나타나거나 눈에 띄게 되는 것을 뜻한다. 'parere' 하는 자는 눈에 띄며, 저항 없이 복종한다. 이미 어원에서 드러나듯이, 투명성이라는 단어에는 강제적인 무언가가 들러붙어 있다. 그에 걸맞게 이 단어는 오늘날 통제와 감시의 도구로 쓰인다.

불운하게도 얼마 전에 독일 대통령이 텔레비전에 출연하여 ZDF 방송과 ARD 방송의 기자들로부터 질문을 받은 일이 있었는데, 특이하게도 그 장면은 경찰의 심문과 유사했다. 불프Wulff 대통령은 "투명성을 통해 신뢰를 얻고자 한다"라는 점을 거듭 강조했다. 투명성법 Transparenzgesetz을 옹호하는 함부르크의 한 시민단체가 외치는 구호도 "투명성은 신뢰를 창출한다"이다. 이 구호는 모순을 품고 있다. 신뢰는 앎과 모름 사이의 상태에서만 가능하다. 내가 사전에 모든 것을 알면, 신뢰는 필요하지 않다. 투명성이란 모름이 모조리 제거된 상태다. 투명성이 지배하는 곳에는 신뢰가 들어설 자리가 없다. 진실하려면, "투명성은 신뢰를 창출한다"가 아니라 "투명성은 신뢰를 없앤다"라고 외쳐야 마땅하다.

투명성 요구는 다름 아니라 신뢰가 사라진 곳에서 드높다. 투명사회는 신뢰가 사라져가기 때문에 통제에 의지하는 불신 사회다. 주민들 사이에서 깊은 신뢰를 받는 정치인에게는 더없이 경미한 투명성 요구조차도 모욕일 것이다. 드높은 투명성 요구는 다름 아니라 사회의 도덕적 토대가 부실해졌다는 증거, 정직이나 성실 같은 도덕적 가치들이 점점 더 중요성을 잃는다는 증거다. 선구적인 도덕적 권위 대신에 투명성이 새로운 사회적 명령으로서 출현한다.

투명성 외침은 가속 압력과 짝을 이룬다. 이데올로기

와 권력 구조를 갖춘 전통적인 정당들은 너무 느리고 너무 융통성이 없다. 해적당Piratenpartei의 이른바 액체민주주의Liquid Democracy는, 정당 시스템에 기초한 민주주의의 무거움과 딱딱함에 대항하려는 시도로 해석할 수 있다. 해적당 웹사이트는 액체민주주의 실행 방법을 매우 알기 쉽게 설명한다. "나는 조세법과 관련해서는 사회민주당이 나를 대표하면 좋겠고, 환경 정책과 관련해서는 녹색당이, 학교 정책과 관련해서는 공인이 아닌 뮐러 씨가 나를 대표하면 좋겠다. 반면에 대학교 입학에 관한 새로운 법을 제정할 때는 내가 스스로 의회 표결에 참여하고 싶다." 집회도 없고 권력자의 결정도 없는 액체민주주의는 현실에서 정당에 기초한 대의 민주주의를 없앤다. 전문 지식이 정치적 결정을 대체한다. 정당들의 지위는 사인 뮐러 씨와 동등한 수준으로 추락한다. 그런 정당은 더는 정당이 아닐 것이다.

똑같은 말을 이렇게 할 수도 있다. 해적당은 반反정당이요 색깔이 없는 최초의 정당이다. 투명한 것은 색깔이 없다. 해적당에서 색깔은 이데올로기로서는 허용되지 않고 다만 이데올로기가 섞이지 않은 의견으로만 허용된다. 가속화와 융통화의 핵심은 색깔을 상황에 따라 바꾸는 것이다. 액체민주주의는 결정 과정을 가속하고 융통

성 있게 만들지만 결국엔 "좋아요" 누르기 민주주의로 전
락한다.

그리하여 정치는 사회적 욕구 관리에 밀려난다. 이 관
리는 기존 사회경제적 상황의 틀을 변함없이 고수한다.
또한 투명성이 시스템을 효과적으로 안정화한다. 정보
의 증가만으로는 시스템 수준의 혁신이나 변화가 일어나
지 않는다. 투명성에는 어떤 형태의 부정성도 없다. 부정
성이 있어야 현재의 정치경제적 시스템에 의문을 제기할
텐데 말이다.

투명성을 명분으로 사적 영역을 완전히 포기할 것을
요구하는 "탈프라이버시Post Privacy" 이데올로기도 마찬가
지로 순박하다. 인터넷상의 이 새로운 흐름을 옹호하는
사람들에게 들려줄 만한 말은, 인간은 자기 자신에게조
차 투명하지 않다는 것이다. 프로이트에 따르면, 나는 무
의식이 전적으로 긍정하고 욕망하는 바로 그것을 부정한
다. "그것Es(이드)"은 나에게 주로 은폐된 채로 머문다. 요
컨대 인간 심리를 가로지르는 균열이 있으며, 그 균열은
심리 시스템이 그 시스템 자신과 일치하지 못하게 만든
다. 불투명성의 장소인 이 근본적 균열이 나의 자기 투명
성을 불가능하게 만든다. 자기 투명성은 단지 환상으로
서만, 어쩌면 필수적인 환상으로서만 생각 가능할 터이

다. 개인들 사이에도 균열이 벌어져 있다. 따라서 개인들 사이의 투명성을 이뤄내는 것은 불가능하다. 또한 그 투명성은 추구할 가치가 없다.

다름 아니라 타인이 투명하지 않다는 점이 관계를 생생하게 보존해준다. 게오르크 지멜은 이렇게 쓴다. "절대적으로 잘 안다는 사실, 심리학적으로 다 퍼냈다는 사실만으로 우리는 기존의 도취 없이 말똥말똥해지고, 관계의 생생함은 마비된다. 오직 인간 전체를 품는 가장 친밀한 관계에서도 내면의 사유재산을 존중하고 비밀의 권리를 통해 질문의 권리를 제한하는 다정함과 자기 절제만이, 모든 드러난 마지막 너머의 진짜 마지막을 어렴풋이 느끼고 존중하는, 관계의 생산적 깊이를 보상으로 받는다." 오늘날의 사회를 사로잡은 투명성 열정을 감안할 때, 거리距離의 열정을 연습할 필요가 있을 법하다.

더구나 인간 영혼은 타인의 시선에 대한 염려 없이 자기 곁에 머무를 수 있는 공간이 필요한 것이 틀림없다. 총체적 조명은 인간 영혼을 깡그리 태워 없앨 것이다. 총체적 투명성은 말하자면 영혼의 소진을 초래할 위험이 있다. 이것은 페터 한트케의 다음과 같은 문장에 담긴 뜻이기도 할 것이다. "나는 타인들이 나에 관하여 알지 못하는 바에 의지하여 살아나간다." 오로지 기계만 완전히 투명하다. 하지만 인간 영혼은 기계가 아니다. 무릇 삶의 본질인 내면성, 자발성, 사건성Ereignishaftigkeit은 투명성과 대립한다. 다름 아니라 인간의 자유가 총체적 투명성을 불가능하게 만든다. 더 나아가 투명한 관계는 어떤 끌림도 없는 죽은 관계다. 오직 죽은 것만 투명하다. 투명성 강제가 제대로 파괴하는, 인간적 현존재 및 함께 있음의 긍정적이며 생산적인 범위가 있음을 인정한다면, 그것은 하나의 계몽일 터이다.

완전히 투명한 것은 실은 공허뿐이다. 이 공허를 추방하기 위하여 방대한 정보가 유통된다. 더 많은 정보가 방출될수록, 세계는 한눈에 굽어보기가 더 어려워진다. 방대한 정보는 어둠 속에 빛을 비추지 못한다. 투명성은 빛이 아니라 빛 없는 복사輻射, 환히 밝히는 대신에 모든 것을 꿰뚫어 투명하게 만드는 복사다. 꿰뚫어 보임(투명함)은 환히 보임이 아니다.

〈철학 잡지Philosophie Magazin〉에 실린, 철학자 피터 싱어와의 대화록에서 줄리언 어산지는 놀라운 고백을 한다. 어산지 자신은 "투명성을 그리 옹호하지 않는다"라고 한다. 자신은 주위 환경에 관한 정보가 더 많아지면 주위 환경에 관한 결정을 더 잘 내릴 수 있다는 "알팍한 철학"에 의지할 따름이며, 자신이 한 행동의 동기는 그것이 전부라고 한다. 어산지는 오늘날 총체적 이데올로기로 격상하는 투명성에 대하여 회의적인 것으로 보인다. 더 나아가 그는, 오늘날 인터넷은 정교한 대규모 감시 시스템이 되어버렸다고 지적한다. 그 시스템은 "암"처럼 확산한다면서 말이다.

오해를 막기 위해 명확히 밝혀두는데, 부패 척결이나 인권 보호를 위한 투명성에 대해서는 반발할 것이 전혀 없다. 그런 투명성은 환영할 만하다. 투명성 비판이 겨냥하는 표적은 투명성의 이데올로기화, 우상화, 총체화다. 무엇보다도 오늘날 투명사회가 통제사회로 탈바꿈할 참이라는 점이 우려를 자아낸다. 무수한 감시 카메라는 우리 하나하나를 의심한다. 신체를 철저히 조사하는 알몸 스캐너는 현실적인 효용을 넘어서 우리 시대의 상징이 되었다. 알고 보면 인터넷은 디지털 파놉티콘이다.

모두가 발가벗는다. 이것이 통제사회의 논리다. 통제사회의 주체가 외적 강제를 통해서가 아니라 스스로 산출한 욕구로 인해 발가벗을 때, 바꿔 말해 자신의 사적이며 친밀한 영역을 잃는 것에 대한 두려움이 자신을 부끄러움 없이 내보이려는 욕구에 밀려날 때, 통제사회는 완성된다. 통제사회는 성과사회의 효율성 논리를 따른다. 자기 착취는 타자 착취보다 더 효율적이다. 왜냐하면 자기 착취는 자유의 느낌을 동반하기 때문이다. 성과 주체는 스스로 산출한 자유로운 강제에 예속된다. 이 같은 자유의 변증법은 통제사회의 바탕에도 깔려 있다. 자기 조명은 타자 조명보다 더 효율적이다. 왜냐하면 자기 조명은 자유의 느낌과 짝을 이루기 때문이다.

투명성 강제는 궁극적으로 윤리적이거나 정치적인 명령이 아니라 경제적인 명령이다. 철저한 조명은 착취다. 철저히 조명을 당하는 사람은 무방비로 착취에 노출된 것이다. 개인의 과다 노출은 경제적 효율성을 극대화한다. 투명한 고객은 새로운 수인囚人, 경제적 파놉티콘의 호모 사케르Homo sacer다. 투명사회의 파놉티콘은 규율사회의 파놉티콘과 다르다. 전자는 사슬, 장벽, 감방이 필요 없다. 벤담이 말한 파놉티콘의 수인들이 제각각 고립되어 있는 것과 반대로, 투명사회의 파놉티콘 거주자들은 연결망을 이뤄 서로 열심히 소통한다. 고립을 통한 외로움이 아니라 과도소통이 투명성을 보장한다.

그런데 디지털 파놉티콘의 특별한 점은 거주자들 자신이 그 감옥의 건축과 유지에 능동적으로 동참하는 것이다. 동참의 방식은 그들이 스스로 발가벗고 그들 자신을 전시하는 것이다. 그리하여 오늘날 감시는 '자유에 대한 침해'(Juli Zeh/Ilja Trojanow)로서 실행되지 않는다. 오히려 자유와 통제가 하나로 합쳐진다. 이는 투명한 사용자가 희생자인 동시에 범행자인 것과 마찬가지다. 모두가 연결망 파놉티콘의 건설에 열심히 동참한다.

군중 속에서

디지털 연결망이 가져오는 패러다임 전환의 귀결은 활자 인쇄의 귀결만큼이나 광범위하다. 그 전환은 생각, 감각, 관행의 심층 구조에까지 영향을 미친다. 따라서 오늘날에는 디지털 인간학, 디지털 윤리학, 또는 디지털 정치학이 필요하다고 할 만하다. 디지털 소통 혁명은 무엇보다도 공론장의 침식을 유발한다. 과거에는 정보가 공론장 안으로 유입되었으며 또한 공론장 안에서 획득되었다. 오늘날 정보는 사적 공간에서 생산되고 사적으로 소통된다. 이 같은 정보 흐름의 변화는 삶의 많은 영역에 영향을 미친다. 정치적 영역도 예외가 아니다. 텅 빈 공론장은 무수한 댓글 폭탄에 초토화된다.

현재 이미 위험에 처한 듯한 해적당의 성공은 대체로

디지털 관행 덕분이다. 핵심은 매개가 없다는 점이다. 디지털 연결망들이 생활세계를 뒤덮은 결과로 소통의 중간항인 매개자들이 보편적으로 제거된다. 정치에서 이 같은 디지털 관행은 실시간 정치 혹은 몸소-있음Präsenz 정치를 추구한다. 바꿔 말해 대표 곧 정치적 대표자들의 제거를 추구한다. 왜냐하면 정치적 대표자들은 시간과 정보의 정체를 유발하기 때문이다. 대의 민주주의가 위기에 처한 것은 중대한 정도로 디지털 관행 탓이다.

해적당의 성공을 설명하려면 정치 이론이 아니라 미디어와 소통에 관한 이론이 필요하다. 디지털 미디어들은 몸소-있음 미디어다. 그 미디어들은 모든 대표자들을 제거하려는 강박을 낳는다. 해적당원들은 새로운 정치적 프로그램을 제시하지 않는다. 대신에 그들 스스로 말하듯이, 새로운 경영 시스템을 제시한다. 그 경영 시스템은 다름 아니라 디지털 관행에 부응한다. 이렇게 단순화해서 말할 수 있을 텐데, 사람들은 단지 버튼을 누르고 곧바로 결과를 보고자 한다. 곧바로 정보를 얻거나 결정을 끌어내려 한다.

정치 영역에 알맞게 표현하면, 디지털 관행은 단 하나의 특정한 정치 형태만 허용한다. 실험이나 비전Vision으로서의 정치 행위는 더는 불가능하다. 시간과 정보의 심한 정체 없이 곧바로 결과들이 성취되어야 한다. 시간과 정보의 정체는 불투명성으로 지각된다. 디지털 관행은 천천히 성숙해야만 하는 것들을 용납하지 않는다. 이런 맥락에서 보면, 투명성 촉구는 단순히 민주주의적 의지나 더 많은 계몽을 향한 의지의 표현이 아니다. 투명성 촉구는 무엇보다도 미디어의 제약 아래에서 발생한다.

도래하는 것, 다른 것, 결과의 시간으로서의 미래는 디지털 관행의 시간 형태가 아니다. 또 미래는 투명한 것들의 시간성이 아니다. 디지털 관행을 지배하는 것은 단박에 몸소-있음의 시간성, 점과 같은 현재의 시간성이다. 미래를 빚어내기, 더 나아가 다른 미래를, 다른 삶꼴을 빚어내기를 디지털 관행으로 실행할 수는 없다. 손가락 끝으로 버튼을 누르는 활동은 시간적 너비가 없다. 그 활동은 넓은 공간을 차지하지도 않는다. '디지털'이라는 말은 '손가락'을 뜻하는 라틴어 'digitus'에서 유래했다. 오늘날 우리는 행위하는 대신에 손가락만 놀린다.

디지털 관행은 조급함, 기다릴 수 없음, 지루함을 견딜 수 없음을 포함한다. 지루함이야말로 창조성의 원천인데 말이다. 1970년대에 '큐브QUBE'라는 텔레비전 수상기가 개발되었는데, 그 장치는 제한적으로나마 양방향 소통 기능을 갖추고 있었다. 그 장치에는 키보드가 있었고,

화면에 표시된 여러 선택지 가운데 하나를 그 키보드를 사용하여 고를 수 있었다. 그 장치는 원시적인 선거도 할 수 있게 해줬다. 예컨대 초등학교 교장을 맡으려 하는 여러 후보가 화면에 표시되었고, 사람들은 키보드의 단추를 눌러 한 후보를 선택할 수 있었다. 이것은 직접 민주주의와 다름없다. 정말 원시적인 이 양방향 미디어 앞에서 미디어 이론가 빌렘 플루서는 열광한다. 그는 미래의 민주주의를 상상한다. 그의 상상은 해적당원들의 상상과 아주 비슷하다. 플루서는 "직접 민주주의"를 거론한다.

디지털 관행의 시간 형태는 '즉각'이다. 많은 것이 걸린 관건은 편안하게 단추를 누르는 행동이 실제로 더 많은 책임을 창출하느냐, 아니면 아무런 책임 없는 결정으로 이어지느냐, 하는 것이다. 1970년대에 "댓글 폭탄"은 확실히 아직 불가능했다. 왜냐하면 표현의 가능성이 단추 하나를 누르는 행위에 국한되어 있었기 때문이다. 플루서는 정치적 유토피아에 대한 상상을 이어간다. 그 큐브 시스템이 정치를 탈이데올로기화한다고 한다. 40년 전에 그가 내놓는 논증은 해적당원의 논증과 거의 같다. 플루서에 따르면 "큐브 시스템에서는 모든 참여자 각각의 능력과 모든 능력 각각의 비중이 어떤 이데올로기와도 상관없이 선명하게 드러난다." 그러나 이 같은 정치의 탈이데올로기화는 총체적 탈정치화와 마찬가지다. 이로써 정치는 구매와 어깨를 나란히 하게 된다.

큐브 시스템을 정치에 적용하면, 그 시스템은 해적당원들이 말하는 액체 피드백과 유사하다. 그러나 공론장이 바람에 날리는 먼지처럼 하찮게 될 때, 정치는 종말에 이른다. 이런 일은 오직 탈정치적 사회에서만 가능할 터이다. 어떤 결정도 실존적 의미를 보유하지 않게 된 사회에서만 말이다. 사회 시스템이나 경제 시스템이 실제로 절대적이고 확고한 안정성과 자명성에 도달하여 어떤 대안도 허용하지 않으면, 실은 결정할 것이 없어진다. 어떤 정치적 행위나 정치적 결정도 불필요해진다. 그러면 정치인들이 밀려나고, 시스템을 관리하는 전문가들이 그 자리를 차지한다. 정치적 대표자들뿐 아니라 정당도 불필요해진다.

아무 매개 없이 단추를 누르는 행위가 더 많은 책임을 창출한다는 주장도 제기된다. 그러나 그것은 사실이 아니다. 오늘날 "정보 피로 증후군information fatigue syndrome" 진단을 받는 사람은 점점 더 늘어나고 있다. 이 정신 질환의 증상 하나는 다름 아니라 책임지는 데 어려움을 겪는 것이다. 책임은 우선 구속을 전제한다. 구속은 약속이나 신뢰와 마찬가지로 명시적으로 미래를 향해 있다. 이것들은 미래를 구속하고 안정화한다. 그런데 디지털 관행은 구속되지 않음, 임의성, 단기성을 포함한다. 디지털 관행은 책임감을 대폭 약화한다.

매개와 대표를 제거하는 경향은 다른 분야들에서도 관찰된다. 오늘날 사람들은 아마존에서 자신의 책을 출판사의 매개 없이 스스로 출판할 수 있다. 그렇게 아마존은 디지털 관행에 종사한다. 이 새로운 형태의 도서 출판을 유심히 살펴보고 그것을 정치 분야에 적용해보면, 디지털 몸소-있음 정치가 나중에 무엇이 될지 명백히 알 수 있다. 큰 이상이나 비전을 품었기에 대중이 거의 읽지 않는 책을 내는 출판사가 없다면, 아마 오늘날 우리는 카프카의 이름조차 모를 것이다.

지금 여기에서 시간과 정보의 정체는 용납되지 않는다. 미래에 실제로 출판사와 의회가 없어질 수도 있다. "나는 내 책을 마주한 독자야"와 "나는 나를 마주한 유권자야"는 본질적으로 다르지 않다. 내가 정치인으로서 유권자와 완전히 융합한다는 것은 내가 나의 목소리, 나의 생각, 나의 비전을 완전히 포기한다는 것이다. 만일 그 정치인이 자신의 관점을 고수한다면, 그는 정치인이 아니게 될 것이다. 페터 한트케는 글쓰기가 모험, 탐험, 실험이라고 말했다. 글쓰기는 진정한 의미의 정치 행위와 유사하다. 그런데 탈정치적 디지털 몸소-있음 민주주의에서 진정한 의미의 정치 행위는 불가능하게 될 것이다.

대표의 제거는 언론계에서도 일어난다. 당장 블로그, 트위터, 페이스북이 몸소-있음 미디어들이다. 이것들은 고전적 언론에 시비를 건다. 언론인은 대표자이기도 하다. 오늘날의 독자들은 소비하는 데 그치지 않고 소통하고자 한다. 그리하여 독자들은 스스로 견해를 생산하고 출판한다. 디지털 관행은 소통을 가능케 하는 기호들을 독립적으로 생산하는 것을 포함한다. 그러나 독립적 도서 출판에서와 마찬가지로 여기에서도 질의 문제가 제기된다. 대표 관행은 필터와 유사한 역할을 한다. 그리고 질을 기준으로 말하면, 대표 관행은 매우 긍정적인 효과를 낸다. 그 효과가 없으면, 기호들이 산더미처럼 쌓인다. 음향의 측면에서 달리 표현하면, 소음이 더 요란해진다.

생각하기도 탐험이다. 생각하기는 아무도 다닌 적 없는 곳으로 가서 구별하기를 통해 오솔길을 낸다. 이것이 진정한 의미의 이론이다. 한없이 성장하는 데이터와 정보의 규모는 오늘날 학문을 이론과 생각하기에서 멀어지는 방향으로 강력하게 유도한다. 정보는 그 자체로 실증적이다. 데이터를 토대나 추진력으로 삼는 실증학문, 바꿔 말해 데이터를 비교하고 조정하는 작업이 전부인 구글학은 진정한 의미의 이론을 끝장낸다. 실증학문은 한 낱 덧셈이나 탐지에 머무를 뿐 서사적이거나 해석적이지 않다.

구별의 부정성이 없으면 불가피하게 사물들의 보편적 급증과 뒤섞임이 발생한다. 오늘날 엄청나게 증가하는 실증적 데이터와 정보가 이론을 불필요하게 만들 것이라는 견해는 오류다. 부정성으로서의 이론은 실증적 데이터와 정보보다 더 앞선 곳에 정착해 있다. 데이터에 기초한 실증학문은 임박한 진짜 이론의 종말을 가져오는 원인이 아니라 오히려 그 종말의 결과다. 투명사회 혹은 정보사회는 소음 수위가 매우 높은 사회다. 그 사회는 댓글폭탄 같은 소음과 쓰레기를 아주 많이 생산한다.

댓글 폭탄을 보노라면, 주권도 새로 정의해야 할 성싶다. 카를 슈미트에 따르면, 주권자란 비상사태를 결정할 수 있는 자다. 이 정의를 소리에 관한 문장으로 변형할 수 있다. 즉, 주권자는 절대적 고유를 만들어낼 수 있는 자다. 슈미트는 디지털 연결망을 경험할 수 없었다. 만약에 경험했다면 그는 틀림없이 총체적 위기에 빠졌을 터이다. 잘 알려져 있듯이 슈미트는 일생 내내 파동을 두려워했다. 댓글 폭탄도 일종의 파동이다. 그것은 통제를 벗어난 분노의 파동이다. 파동에 대한 공포 때문에 슈미트는 거처에서 라디오와 텔레비전을 없애기도 했다고 한다. 심지어 그는 자신의 유명한 주권 정의를 수정할 필요성까지 느꼈다. "1차 세계대전 후에 나는 이렇게 말했다. '주권자는 비상사태를 결정할 수 있는 자다.' 2차 세계대전이 끝나고 나의 죽음이 다가온 지금 나는 이렇게 말한다. '주권자는 공간의 파동들에 대한 처분권을 가진 자다.'" 디지털 혁명이 일어난 후인 지금 우리는 주권의 정의를 다시 한번 다음과 같이 수정해야 할 성싶다. '주권자는 연결망 안의 댓글 폭탄들에 대한 처분권을 가진 자다.' 그러나 주권의 정의를 이렇게 수정하는 것은 실은 주권의 최종적인 종말, 정치의 종말을 의미한다.

데이터주의와 허무주의

오늘날 데이터 수집 광기에 휩싸인 것은 미국 국가안보 국만이 아니다. 그 광기는 새로운 신앙의 표현이며, 그 신앙은 데이터주의라고 부를 만하다. 지금 데이터주의는 거의 종교적인 혹은 총체적인 면모를 획득했다. 빅데이터 앞에서의 환희도 이 디지털시대의 신앙에 경의를 표한다.

오늘날 데이터는 온갖 목적으로 수집된다. 미국 국가안보국뿐 아니라, 액시엄이나 구글, 페이스북도 데이터를 향한 고삐 풀린 식욕을 지녔다. 자가 건강 측정 운동 추종자들도 데이터주의에 빠져 있다. 그들은 자기 몸에 센서들을 장착한다. 그것들은 신체에 관한 온갖 수치를 자동으로 기록한다. 체온, 걸음, 수면 사이클, 칼로리 섭취,

칼로리 소비, 신체운동 특징, 뇌파까지 모든 것이 측정된다. 심지어 명상하는 사람의 심장 박동을 기록하기까지 한다. 긴장을 푸는 활동에서도 성과와 효율이 중요하다는 뜻일 텐데, 이것은 실은 역설이다.

오늘날 센서는 몸에만 장착되지 않는다. 점점 더 많은 센서가 우리의 환경에 설치되어 우리를 데이터로 변환한다. 그와 동시에 우리는 기이한 무감각을 느끼며 둥둥 떠다니다 추락하여 과도활동과 과도소통에 열중한다.

수집된 데이터는 과연 우리 자신을 더 잘 이해하는 데 기여할 수 있을까? 자신에 관한 기록은 일찍이 고대에도 자기를 돌보는 일에 본질적이었다. 로마의 저술가 테르툴리아누스는 이를 '푸블리카티오 수이publicatio sui'(직역하면 '자기 공개')라고 부르는데, 그 의미는 자기 탐구, 그리고 모든 생각을 가차 없이 공개하기이다. 죄인은 자기를 죄인으로 드러내고 그럼으로써 죄에서 해방되어야 한다.

기독교적인 자기 폭로는 더 높은 의미 맥락을 위하여 이기적인 나를 포기하는 것과 짝을 이룬다. '**나는 내가 아닙니다**Ego non sum, ego.' 작은 자아를 포기함으로써 더 높은 자아에 도달해야 한다. '푸블리카티오 수이'는 진실을 실천하기, 더 높은 의미 맥락에 헌신하기다. 이는 고대의 금욕이 다이어트가 아닌 것과 마찬가지다.

반면에 자가 건강 측정은 신체적, 정신적 성능을 최적화하는 기술에 불과하다. 오로지 데이터만 마주한 자기 최적화 실행자는 진정한 자기 돌봄을 소홀히 한다. 자가 건강 측정은 자기와 관련 맺게 된 자아의 기록 시스템이다.

자아 혼자서는 의미를 산출하지 못한다. 수집된 데이터는 다음 질문에 답하지 못한다. 나는 누구일까? 휴대용 고해소인 스마트폰은 자기 인식을 제공하지 않으며 진실에 접근할 길도 열어주지 않는다.

데이터가 아무리 방대하더라도, 데이터만으로는 인식을 산출할 수 없다. 데이터는 성과와 효율을 벗어난 질문들에 답하지 못한다. 이런 의미에서 데이터는 맹목적이다. 데이터 혼자서는 의미도 진실도 산출하지 못한다. 데이터 혼자서는 세계를 더 투명하게 만들지도 못한다. 정반대로 데이터는 과거 어느 때보다 더 유령처럼 느껴진다. 우리는 중요한 것과 그렇지 않은 것을 구별하는 것조차 힘들어한다. 우리는 거의 자동화된 과정들에 내맡겨진 채로, 그 목적조차 제대로 모르면서 우리 자신을 최적화한다.

데이터-앎Data-Wissen은 제한적이며 초보적인 형태의 앎이다. 데이터-앎은 인과관계조차도 밝혀내지 못한다. 빅데이터는 은근히 절대적인 앎처럼 행세한다. 그러나 실제로 빅데이터는 절대적인 무지와 짝을 이룬다. 빅데이터 속에서 방향을 잡는 것은 불가능하다.

우리는 열심히, 거의 강박적으로 소통한다. 소통 안의 빈틈은 우리에게 견디기 어렵게 느껴진다. 그 빈틈이 드러내는 공허는 더 많은 소통을 통해, 더 많은 정보를 통해 메워져야 한다.

데이터주의는 필시 허무주의와 짝을 이룬다. 데이터주의는 의미와 맥락을 포기하는 것에서 유래한다. 데이터가 의미의 공허를 채워야 한다고 데이터주의자는 믿는다. 온 세계가 파열하여 데이터가 되고, 우리는 더 크고 더 높은 맥락들을 점점 더 시야에서 놓친다. 이런 의미에서 데이터주의와 허무주의는 동전의 양면이다.

괴로운 공허

상처 내기는 오늘날 청소년들 사이에 만연한 현상이 되었다. 독일에서 수백만의 청소년이 스스로 자기 몸에 상처를 낸다. 사람들은 고의로 자신에게 상처를 입히면서 심층적인 홀가분함을 느낀다. 통상적인 방법은 면도날로 팔을 베는 것이다. 상처 내기는 명실상부한 중독으로 발전한다. 다른 모든 중독과 마찬가지로, 상처 내기 사이의 간격은 점점 더 짧아지고 상처 내기 동작은 점점 더 과감해진다. 그렇게 상처들이 점점 더 깊어진다. 당사자들은 "자해 압박"을 느낀다. 이런 자해는 오늘날의 개인을 특징짓는 나르시시즘의 심화와 어떻게 조화를 이룰까?

자해자들은 흔히 우울증과 불안장애에 시달린다. 죄책감과 부끄러움, 손상된 자존감이 자해자들을 괴롭힌다.

내면의 지속적인 공허감은 그들을 아무것도 느끼지 못하는 상태로 몰아간다. 상처를 낼 때 비로소 그들은 아무튼 무엇이라도 느낀다.

우울증이나 경계선 성격장애(BPD)를 겪는 사람들은 흔히 "아무것도 느껴지지 않아"라고 한탄한다. 자해자의 다수는 우울증이나 경계선 성격장애를 지녔다. 상처 내기는 철저한 절망의 상태에서 자기 자신을 다시 느끼려는 시도, 자기 자신을 느끼는 감각을 재건하려는 시도인 것으로 보인다. 몸이 붉은 눈물을 흘린다. 나는 피를 흘린다. 고로 존재한다.

진정성은 신자유주의적 생산 전략이다. 나는 나 자신의 경영자로서 끊임없이 나 자신을 생산해야 한다는 강제에 예속된다. 자기를 생산해내지 못하는 사람은 면도날을 움켜쥔다.

괴로운 공허감은 어디에서 유래할까? 우선 나르시시즘과 자기애를 구별하는 것이 중요하다. 자기애의 주체는 자기와 타인 사이에 경계선을 긋는다. 이 경우에는 선명한 나-경계Ich-Grenze가 있다. 그 경계가 나와 타인을 구별한다. 반면에 나르시시스적 자기 관련(자기를 마주함)에서는 자아가 타인에게서 자기를 알아볼 정도로 타인이 왜곡된다. 나르시시스적 주체는 자신의 그림자가 드리운 세계를 지각한다.

이런 지각의 치명적인 귀결은 타인이 사라지는 것이다. 자아와 타인의 경계가 흐릿해진다. 자아가 확산하고 불분명해진다. 안정된 자아는 타인 앞에서 비로소 발생한다. 반면에 과도한 자기 관련, 나르시시스적 자기 관련은 공허감을 낳는다. 나는 자아에 빠져 익사한다.

오늘날 리비도 에너지는 주로 나에 투자된다. 나-리비도의 나르시시스적 축적은 객체-리비도 곧 객체에 깃든 리비도의 감소를 가져온다. 객체-리비도는 객체 애착을 낳고, 객체 애착은 거꾸로 나를 안정화한다. 객체 애착이 전혀 없으면, 나는 나 자신에게로 되던져진다. 그리하여 불안이나 공허감 같은 부정적 감정들이 일어난다.

오늘날의 많은 사회적 명령은 나-리비도의 나르시시스적 정체를 유발하고, 그 정체는 병을 일으킨다. 예컨대 진정성 명령이 그러하다. 이 명령은 끊임없이 자기에게 질문하고 자기를 엿보고 엿듣고 포위하고 또한 끊임없이 비난하게 만드는 나르시시스적 강제력을 발휘한다.

진정성은 궁극적으로 신자유주의적 생산 전략이다. 나는 나 자신의 경영자로서 끊임없이 **나 자신을 생산해야 한다**는 강제에 예속된다. 자기를 생산해내지 못하는 사람은 다름 아니라 면도날을 움켜쥔다.

오늘날 많은 청소년은 막연한 불안에 시달린다. 실패에 대한 불안, 좌절에 대한 불안, 버림받는 것에 대한 불안, 실수하는 것에 대한 불안, 그릇된 결정을 내리는 것에 대한 불안, 자신의 요구를 충족하지 못하는 것에 대한 불안 등에 말이다. 사람들은 자신의 부족함 때문에 부끄러움을 느낀다. 상처 내기는 자기를 벌하는 리추얼이기도 하다. 자해의 바탕에 깔린 자존감 부족은 우리 사회의 보편적 보상위기Gratifikationskrise(독일 의료사회학자 요하네스 지크리스트가 고안한 개념. 그에 따르면, 합당한 보상이 이루어지지 않을 때 발생하는 보상위기가 많은 질병의 원인이다—옮긴이)를 상기시킨다.

우리는 누구나 사랑이 필요하다. 타인의 사랑이 비로소 나를 안정화한다. 반대로 나르시시스적 자기 관련은 나를 불안정하게 만든다.

안정적인 자존감을 위해서는 내가 나 자신의 중요성을 발견해야 한다. 그런데 이를 위해서는 나 자신이 타인들에게 중요하다는 견해를 가질 필요가 있다. 그 견해는 막연할 수도 있겠지만, 자신이 중요하다는 느낌을 위해 필수적이다. 존재감의 결여는 자해의 원인이다. 상처 내기는 어쩌면 한마디로 사랑을 갈구하는 외침이다.

나는 자존감을 스스로 생산할 수 없다. 나는 나를 사랑하고 칭찬하고 인정하고 소중히 여기는 타인들의 보상에 의존하여 자존감을 얻는다. 인간의 나르시시스적 개별화, 타인의 도구화, 그리고 총체적 상호경쟁은 보상 풍토를 파괴한다.

성과 주체는 성과를 점점 더 많이 내야 한다는 강제에 예속된다. 따라서 매듭짓고 쉬는 보상의 시점은 영영 도래하지 않는다. 성과 주체는 영구적인 결핍감과 죄책감 속에서 산다. 그는 타인들과 경쟁할 뿐 아니라 무엇보다도 자신과 경쟁하므로 자신을 능가하려 애쓴다.

또한 오늘날에는 어떤 수량화도 거부하는 사전 보상이 점점 더 어려워진다. 사전 보상은 예컨대 진정한 우정으로 제공된다. 우정은 나를 안정화하고 채우는, 타인과의 관계다. 소셜미디어 안의 "친구들"에게는 타인의 부정성이 없다. 그들은 손뼉 치는 군중이다. 그들은 '좋아요'를 누름으로써 자신들의 다름을 삭제한다.

공허감은 우울증을 불러온다. 우울한 성과 주체는 자신을 힘겹게 짊어진다. 나-리비도의 나르시시스적 정체가 발생하고, 그 정체가 그를 병들게 한다. 그는 자기 자신에게 싫증이 나고, 자기 자신을 다 써버린다. 자기 자신으로부터 벗어날 능력이 전혀 없는 그는 자기 자신을 물고 늘어진다. 그 결과는 역설적이게도 자아가 텅 빈 동굴처럼 되는 것이다.

캡슐 안에 갇히듯 자기 안에 갇힌 그는 타인과의 관계를 모조리 상실한다. 나는 나를 만지고 나를 느끼지만, 타인을 만짐으로써 비로소 나를 만지고 나를 느낀다. 타인은 안정적인 자아의 형성에 필수적이다. 타인이 사라지면, 나는 공허에 빠진다.

일부 사람들은 스스로 자신의 몸에 상처를 낼 때 비로소 자신의 고유한 몸을 느낀다. 오늘날에는 사람들이 자신의 몸과 맺은 관계도 삐걱거리는 것이 틀림없다. 사람들은 몸을 최적화 논리에 철저히 예속시킨다. 그리하여 사람들은 자신의 몸으로부터 소외된다. 사람들은 몸에 거주하는 대신에 몸을 경영한다. 폭식증과 거식증은 이 사정을 증언하는 병적 현상이다. 어쩌면 상처 내기는 자신의 몸을 다시 느끼려는 필사적인 노력일 것이다.

오늘날 사람들은 모든 형태의 부상을 기피한다. 사랑도 기피된다. 사랑에 빠지는 것 자체가 너무 심각한 부상일 터이기 때문이다. 오늘날 우리는 위험을 감수하며 큰 판돈을 걸지 않는다. 왜냐하면 우리에게 아픔과 부상을 주는 상실이 두렵기 때문이다.

소통은 오늘날 매끄럽게 다듬어져, 마음에 드는 것들의 교환, 긍정적인 것들의 교환이 된다. 슬픔을 비롯한 부정적 감정은 어떤 말도, 어떤 표현도 허락받지 못한다.

그러나 부상 없는 사랑은 생각할 수 없다. 사랑은 우리를 덮치고 다치게 한다. 오늘날에는 타인 자체가 부상의 원천으로서 기피된다. 그러나 거부당한 부상은 다시 돌아온다. 어떻게 돌아오냐면, 타인에 의한 부상과 달리 아무튼 통제하에 발생할 수 있는 자기 부상으로서 돌아온다.

현재 사회의 주요 특징은 모든 부정성의 제거다. 모든 것이 매끄럽게 연마된다. 매끄러운 것에는 맞섬의 부정성이 없다. 매끄러운 것은 맞선 것Gegen-Stand(대상)이 더는 아니다. 프랑스어 "objection"은 "이의異議"를 뜻한다. 그런데 매끄러운 것은 마음에 들고자 한다. 그것은 대상Objekt이 아니다. 슬픔을 비롯한 부정적 감정은 어떤 말도, 어떤 표현도 허락받지 못한다. 그러므로 이렇게 말할 수도 있을 성싶다. '상처 내기는 부정적 감정들을 그것들의 목소리 없음으로부터 구해낸다.'

알랭 에랭베르Alain Ehrenberg(프랑스 사회학자—옮긴이)에 따르면, 우울증은 갈등을 마주할 기회를 상실할 때 발생한다. 오늘날의 성과 및 최적화 문화는 갈등을 다루는 노동을 허용하지 않는다. 왜냐하면 그 노동은 시간집약적이기 때문이다. 오늘날의 성과 주체는 오로지 두 가지 상태만 안다. 바로 작동과 고장이다. 이런 점에서 성과 주체는 기계를 닮았다. 기계도 갈등을 모른다. 기계는 원활히 작동하거나 아니면 고장났거나, 둘 중 하나다.

그러나 인간관계와 정체성은 갈등으로부터 발생한다. 사람은 갈등을 붙들고 공을 들이면서 성장하고 성숙한다. 상처 내기가 유혹적인 것은 정체되어 고인 파괴적 긴장을 신속하게 해소해주기 때문이다. 그러면 많은 시간을 들여 갈등을 상대하지 않아도 된다. 신속한 긴장 해소는 화학적 과정들을 통해 이루어진다고들 한다. 몸에서 자연적으로 약물들이 분비된다고 한다.

그러나 긴장은 금세 다시 발생하고, 상처 내기 압력이 다시 생겨난다. 상처 내기 압력의 작동 방식은 항우울제와 유사하다. 항우울제도 갈등 상황을 억누르고 우울한 성과 주체를 신속하게 다시 작동할 수 있게 만든다.

셀피 중독도 자기애와 별로 상관이 없다. 셀피 중독은 나르시시스적인 나의 영영 멈추지 않는 공회전일 따름이다. 내적인 공허 앞에서 사람들은 부질없이 자기를 생산하려 애쓴다. 당연히 성공하지 못하는 애씀이다. 오로지 공허만 재생산된다. 셀피와 공허한 자아. 이것들은 공허감을 심화한다.

자기애가 아니라 나르시시스적 자기 관련이 셀피 중독을 낳는다. 셀피는 공허해진, 몹시 불안해진 자아의 아름답고 매끄러운 표면이다. 괴로운 공허에서 벗어나기 위하여 사람들은 오늘날 면도날을 움켜쥐거나 아니면 스마트폰을 움켜쥔다. 셀피는 공허한 자아를 잠시 아름답게 빛나게 해주는 매끄러운 표면이다. 그러나 그 표면을 뒤집으면 상처투성이 뒷면이 나온다. 뒷면은 피를 흘린다. 셀피의 뒷면은 상처다.

2015년 11월 파리 자살폭탄테러는 어쩌면 자기 자신을 느끼기 위한, 파괴된 자존감을 재건하기 위한, 버거운 공허를 폭탄이나 총알로 날려버리기 위한 비뚤어진 노력이었을 수도 있지 않을까? 테러의 심리는 마찬가지로 공허한 나에 맞서 일어나는 셀피 중독이나 자해와 유사할 수도 있지 않을까? 테러리스트들은 자해하는 청소년들과 동일한 심리적 특징을, 그러니까 공격성을 자기 자신에게 돌리는 성향을 공유하고 있을 수도 있지 않을까?

잘 알려져 있듯이 소년들은 소녀들과 달리 공격성을 바깥으로, 타인에게 돌린다. 그렇다면 자살테러는 역설적인 행위라고 할 만하다. 그 행위에서는 자기 공격과 타인 공격이, 또 자기 생산과 자기 파괴가 하나로 합쳐지니까 말이다. 자살테러는 더 높은 차원의 공격이다. 그러나 또한 그 공격은 궁극의 셀피로 상상된다.

폭탄을 터뜨리는 단추 누르기는 카메라 셔터 누르기에

빗델 만하다. 그 장면을 지배하는 것은 상상이다. 왜냐하면 차별과 절망으로 이루어진 현실은 더는 살 가치가 없기 때문이다.

정면 돌격

왜 연극계를 영영 떠났느냐는 물음에 보토 슈트라우스는 이렇게 대답한다. "저는 무대 위에서 에로틱한 사람이고 싶어요. 하지만 지금 연극계를 지배하는 것은 ─ 예술적 의미에서나 말 그대로의 의미에서 ─ 포르노입니다. 저는 에로틱한 결합과 바뀐 상황에 처한 인간에게 관심이 있는데, 지금은 결합도 없어졌고 변화도 없어졌어요."

토마스 오스터마이어도 어느 인터뷰에서 이 같은 연극계의 흐름을 지적한다. 오늘날 연극 연출의 미학적 기본 합의는 "무대 맨 앞에서 관객을 뚫어지게 바라보며 울부짖기"라고 그는 말한다. 풀이하자면 **정면 돌격**, 바꿔 말해 관객을 향해 사정射精하기가 대세라는 얘기다. 배우들은 감정을 생산하여 관객에게 쏟아붓는다. 이런 포르노 연극 혹은 감정 연극에 없는 것은 타자에게 묻고 대답하는 시선이다. 결합도, 바뀜도 더는 일어나지 않는다.

에로틱한 결합과 바뀐 상황을 위해서는 타자가 필요하다. 그러나 오늘날 우리는 세계를 점점 더 많이 자아의 관점에서 경험하고 점점 더 적게 타자의 관점에서 경험한다. 포르노적인 연극에는 대화의 성격이 없다. 슈트라우스에 따르면, 그런 연극은 "사적이며 정신병적인 사업"이다. 대화할 능력, 타자를 마주할 능력, 경청하고 대답할 능력은 오늘날 모든 분야에서 사라져간다. 대화는 연출된 상호 발가벗기기가 아니다. 고백하기도 드러내기도 에로틱하지 않다. 감정은 느낌과 달리 대화적 구조를 띠지 않았다. 감정에는 타자의 차원이 없다. 따라서 감정을 함께 갖는 일은 없다. 반면에 느낌은 근본적으로 함께 느낌이다.

에로틱한 사람은 비직접성과 우회성을 통해 포르노와 구별된다. 그는 연극적 거리距離를 사랑한다. 그는 실사實事, Sache를 직접 보여주는 대신에 암시하는 것으로 만족한다. 에로틱한 배우는 포르노적인 배우가 아니다. 에로틱한 것은 감정적이지 않고 암시적이다. 반면에 포르노적인 것의 시간 양태는 '곧장'이다. 사정되는 정액의 궤적이 포르노적인 것을 특징짓는다.

에로틱한 것의 시간 양태는 감속, 그리고 다른 쪽으로 방향을 돌리기다. 지칭하기, 곧 실사를 직접 가리키기는 포르노적이다. 포르노는 우회로를 기피한다. 기호학적으로 달리 표현하면, 에로틱한 것은 기표(기호)의 과잉에서 나온다. 과잉된 기표는 기의(의미)를 통해 소진되지 않고 유통된다. 이 과잉이야말로 비밀과 유혹의 핵심이다. 비밀은 은폐된 기의가 아니다. 의미에서 벗어난 잉여가 바로 비밀이다.

오늘날 포르노화는 연극계에 국한되지 않는다. 포르노의 시각적 영향력은 다른 분야로 확산한다. 그 영향력은 지각 자체를 장악하여 포르노적으로 만든다. 오늘날 우리는 느린 것, 긴 것, 조용한 것을 더는 견디지 못한다. 끝없는 결합들과 상황 전환들에 빠져드는 길고 느린 이야기를 위한 참을성이 더는 없다. 대세는 유혹과 에로티시즘 없이 신속하게 실사로 직행하려는 포르노적 강박이다. 유혹적인 것은 감정적인 것에 밀려난다. 직접 전염을 위하여 암시가 기피된다.

영화 사운드트랙을 가공하는 디지털 장치에는 **정면 돌격 모드**가 있다. 이 모드는 직접적이며 더 강력한 음향 인상을 만들어낸다. 음향이 곧장 얼굴로, 역시나 정면으로 쏟아부어진다. 얼굴은 말하자면 요란한 음향 속에 빠져

익사한다.

최근에 베네딕트 폰 페터의 연출로 베를린 독일 오페라단Deutsche Oper Berlin이 공연한 〈아이다〉는 음악의 포르노화를 보여주는 한 사례다. 원래 〈아이다〉는 '여리게'를 뜻하는 p가 두 개 붙은 pp 곧 '매우 여리게'로 시작된다. 제1 바이올린은 '콘 소르디노con sordino', 곧 '약음기를 끼우고' 연주한다. 마찬가지로 약음기를 끼우고 연주하는 제2 바이올린이 합류하면, pp가 ppp로, 곧 '매우 여리게'가 그보다 더 여린 '아주 여리게'로 바뀐다. 음악평론가 크리스티네 렘케마르트비에 따르면, 베네딕트 폰 페터의 새로운 〈아이다〉 연출은 조용함과 은밀함이 문제라고 선언한다. 그 작품에서는 모든 것이 요란하다. 너무 요란해서 야만적일 정도다. 매우 여리게 연주할 대목이 조금 세게 연주된다. 2막의 〈개선행진곡〉에서는 관객의 고막이 터질 지경이다. 또 다른 평론가는 이렇게 쓴다. "치즈에서 구멍들이 튀어나올 정도로 요란하다." 악단이 뿜어낸 소리들이 관객의 얼굴로 쏟아진다. 역시나 **정면으로** 들이닥친다.

포르노에는 해독해야 할 것이 전혀 없다. 제프 쿤스Jeff Koons는, 자신의 작품을 관람하는 사람이 단지 "와우"라는 외마디 감탄사만 뱉어내야 한다고 말한 바 있다. 그의 미술 앞에서 판단, 해석, 숙고는 필요하지 않다는 뜻이다. 그의 미술은 어떤 깊이도, 어떤 얕음도 없이 자신을 소비의 대상으로 내놓는다. 한스요아힘 뮐러에 따르면, 쿤스의 매끄러운 조각품들 앞에 서면 그것들을 만지고 싶은 "촉각적 강박"이 생겨나고, 심지어 그것들 위에서 미끄럼을 타고 싶은 욕망까지 발생한다. 발가벗은 거대한 페니스를 마주한 여성 포르노 배우도 "와우"라는 감탄사를 뱉어낸 다음에 그것을 빨기 시작할 것이다.

제프 쿤스의 미술에는 거리 두기를 명령하는 초월 Transzendenz이 없다. 오로지 매끄러움의 소비 가능한 내재Immanenz가 촉각적 강박을 일으킨다. 그 내재는 관람자에게 **접촉**을 권유한다. 촉각은 탈신비화를 가장 강력하게 일으킨다. 가장 마술적인 감각인 시각과 정반대다. 시각은 거리를 보존하는 반면, 촉각은 거리를 제거한다. 거리가 없으면 신비도, 유혹도 불가능하다.

탈신비화는 모든 것을 향유하고 소비할 수 있게 만든다. 촉각은 전혀 다른 것의 부정성을 파괴한다. 촉각은 자신이 건드리는 것을 세속화한다. 시각과 달리 촉각은 놀랄 능력이 없다. 매끄러운 터치스크린도 탈신비화와 총체적 소비의 장소다. 매끄러운 터치스크린은 건드려진 것을 발가벗기고 탈신비화한다. 이런 의미에서 터치스크린은 포르노적인 장치다. 오늘날 도처에서 대세는 거리 없음이다. 끝없이 더듬고 핥는 포르노에서처럼 말이다.

요새 영화에서 얼굴은 흔히 클로즈업된다. 대신에 몸, 신체 언어, 심지어 언어는 제거된다. 이 같은 몸의 탈언어화는 포르노적이다. 클로즈업으로 촬영된 파편화된 신체 부위는 성기性器처럼 느껴진다. 커다랗게 촬영된 얼굴은 포르노의 성기 근접 촬영 장면과 똑같이 외설적이다.

대상은 싸개 안에 있을 때, 덮개로 덮여있을 때, 숨겨져 있을 때 아름답다. 그래서 발터 베냐민도 미술비평가들에게 은폐의 해석학을 촉구했다. 미술비평은 싸개를 벗겨내야 하는 것이 아니라 도리어 싸개를 싸개로서 정확히 인식함으로써 비로소 아름다움에 대한 참된 직관에 도달해야 한다. 아름다움은 단박에 공감하는 사람에게도, 순박하게 관찰하는 사람에게도 자신을 내주지 않는다. 그 사람들은 싸개를 벗기는 방식이나 싸개를 꿰뚫어 보는 방식을 시도하는 것이다. 비밀로서의 아름다움을 직관하는 길은 오로지 싸개를 싸개로서 인식하는 것뿐이다. 싸인 것을 인식하려면 무엇보다도 싸개에 주목해야 한다. 싸개는 싸인 대상보다 더 본질적이다.

발터 베냐민에 따르면, 괴테의 시는 "베일에 싸인 조명 아래의 내면 공간"을 향하며, 그 조명은 "알록달록한 파편들로 부서진다." "괴테가 아름다움을 통찰하기 위해 분투할 때마다" 항상 거듭해서 싸개가 그를 움직였다. 베냐민은 괴테의 《파우스트》를 인용한다. "모든 것 중에서 너에게 남은 것을 꽉 붙들어. / 옷, 그걸 놓지 마. 벌써 악령들이 / 옷자락을 잡아당기는군, 옷을 잡아채 / 저승으로 가고 싶어 해. 꽉 붙들어! / 네가 잃는 것은 이제 여신이 아니야. / 하지만 그건 신성하다네." 옷은 신성하다. 은폐는 아름다움에 본질적이다. 그래서 아름다움의 옷을 벗기거나 싸개를 걷어낼 수는 없다. 싸개를 걷어낼 수 없음은 아름다움의 본질이다. 은폐는 텍스트도 에로틱하게 만든다. 아우구스티누스에 따르면, 신은 일부러 은유 곧 "비유적인 껍질"을 동원하여 성경을 이해하기 어렵게 만든다. 이는 성경을 욕망의 대상으로 만들기 위해서다.

은유로 이루어진 아름다운 옷은 글을 에로틱하게 만든다. 요컨대 옷은 아름다움에 본질적이다. 은폐 기술은 해석을 에로틱한 활동으로 만든다. 그 기술은 텍스트에서 얻는 쾌락을 극대화하고 읽기를 성행위로 만든다. 유대교 경전 《토라Torah》도 은폐 기술을 사용한다. 그 경전은 사랑받는 여인처럼 묘사된다. 그 여인은 자기 궁전의 숨겨진 방 안에 숨어있으며, 그녀의 얼굴은 오로지 한순간 그녀의 유일한 애인에게 노출되는데, 그 애인 역시 숨어 있는 상태를 유지한다. 그리하여 읽기는 에로틱한 모험이 된다.

롤랑 바르트에 따르면, 텍스트에서 얻는 에로틱한 쾌락은 "신체적 스트립쇼의 쾌락"과 다르다. 후자는 점진적 노출에서 나온다. 술술 읽히는 소설, 최종적 노출을 향해, 마지막 진실을 향해 나아가는 소설도 포르노적이다. 에로틱한 것의 유혹은 진실 없이 작동한다. 그 유혹은 가상과 협업한다.

싸개와 비밀이 없는 발가벗음으로서의 포르노는 아름다움의 맞수다. 포르노가 있기에 딱 알맞은 장소는, 조명 아래 단 하나의 장신구만 놓인 진열창이다. 단 하나를 전시하는 것이 포르노의 전부다. 그 하나는 바로 성기性器다. 반쯤 은폐하거나 주저하거나 다른 쪽으로 방향을 돌릴 만한 둘째 동기는 없다. 그런 동기는 포르노에 어울리지 않는다. 은폐하기, 주저하기, 다른 쪽으로 방향 돌리기는 아름다움의 시공時空적 전략들이다. 반쯤 은폐된 것의 신중함은 유혹적 광채를 산출한다. 아름다움은 나타나기를 주저한다. 다른 쪽으로 방향 돌리기는 아름다움을 직접 접촉으로부터 보호한다. 이 전략은 에로틱한 것에 본질적이다. 포르노는 이 전략을 전혀 사용하지 않는다. 포르노는 곧장 실사를 향해 나아간다. 다른 쪽으로 방향 돌리기는 포르노를 에로틱한 사진으로 바꿔놓는다. 롤랑 바르트는 이렇게 쓴다. "반대 경우를 보자. 로버트 메이플소프(미국 사진작가—옮긴이)는 아래 속옷의 옷감을 아주 가까이 촬영함으로써, 성기를 촬영한 자신의 대형 작품들을 포르노적인 것에서 에로틱한 것으로 이행시킨다. 그 사진은 이제 단조롭지 않다. 나는 그 옷감의 짜임새에 관심을 기울인다."

포르노적인 그림과 달리 에로틱한 그림은 유달리 시선을 실사가 아닌 다른 곳으로 돌린다. 에로틱한 그림은 부수적인 사안을 중심 사안으로 만들거나 중심 사안을 부수적인 사안 아래에 예속시킨다. 아름다움도 실사 옆에서, 바꿔 말해 부수적임에서 이루어진다. 아름다운 실사, 아름다운 진실은 없다. "실사 자체를 향하여Zur Sache selbst"는 예술의 구호가 아니다.

뛰어오르는 사람들

몇 해 전부터 사람들이 펄쩍 뛰어오르는 사진을 찍는 모습을 자주 본다. 특히 젊은이들이 그런 촬영을 즐긴다. 구글에서 검색어로 "Menschen springen"(사람들이 뛰어오른다) 또는 "people jumping"(점프하는 사람들)을 입력하면 무수한 사진이 뜬다. 그 사진들 속에서 온갖 다양한 자세로 뛰어오르는 사람들은 경탄을 자아낸다. 카메라 앞에서 뛰어오르기는 마치 유행병처럼 확산하는 듯하다.

왜 오늘날 사람들은 카메라 앞에서 뛰어오를까? 우리는 피로와 우울에 찌들어 있지 않은가. 그 사람들은 기쁨과 행복에 들떠 뛰어오르는 것일까? 그 뛰어오르기는 우리 사회에 생명력이 증가하고 있음을 표현할까? 오히려그 뛰어오르기는 나르시시스적 자아의 병적인 경련이 아닐까?

　과거에 사진은 무엇보다도 기념과 회상을 위해 촬영되었다. 그때 사람들은 얌전하고 예의 바르게 카메라 앞에 섰다. 뛰어오를 생각을 한 사람은 아무도 없었을 것이다. 당시 사람들은 무엇보다도 순간을 붙들어두고자 했다. 나중에 그 순간을 회상할 수 있기 위해서 말이다. 사람들은 뒤로 물러나 사건을 돋보이게 했다. 사람들은 순간 뒤로, 혹은 회상할 만한 행사 뒤로 사라졌다. 자기 자신을 드러내거나 심지어 내세우려는 사람은 아무도 없었다. 요컨대 과거의 사진은 전시 가치Ausstellungswert가 없는 대신에 예식禮式 가치Kultwert가 있었다.

　발터 베냐민은 유명한 저술《기술 복제 시대의 예술작품》에서 지적하기를, 사진에서 전시 가치가 예식 가치를 완전히 밀어낸다고 한다. 그러나 베냐민에 따르면, 예식 가치는 아무 저항 없이 밀려나지 않고 최후의 요새 안으로 들어갔다. 그 요새는 "인간의 얼굴"이다. 따라서 과거의 사진 촬영에서 초상 사진이 중심에 있었던 것은 우연이 아니다. 사진의 예식 가치는 멀리 있거나 사망한 친지를 회상하는 예식에서 최후의 피난처를 발견했다. 옛날 사진 속 인간 얼굴의 덧없는 표정에서 마지막으로 아우라가 반짝인다. 이것이야말로 옛날 초상 사진의 우울하면서 독보적인 아름다움이다. 인간의 얼굴이 사진에서 물러날 때, 예식 가치를 능가하는 전시 가치가 비로소 등장한다고 베냐민은 해설한다.

예식에 종사하는 사물들의 입장에서는, 그 사물들이 현장에 있는 것이 전시되고 눈에 띄는 것보다 더 중요하다. 그것들의 예식 가치는 그것들이 실존하는 것에 달려 있지, 그것들이 전시되는 것에 달려 있지 않다. 반면에 우리 사회에서 사물들은 이제 모두 상품이 되어버렸으며 아무튼 존재하려면 전시되어야만 한다. 그리하여 우리 사회에서는 전시 가치가 절대화한다. 제자리에 멈춰 있는 모든 것, 자기 곁에 하염없이 머무르는 모든 것은 이제 아무런 가치가 없다. 사물들은 전시되고 눈에 띌 때만 가치가 상승한다. 사람들도 상품처럼 행동한다. 자기를 전시하고, 자기를 생산한다(내보인다). 이는 자신의 전시 가치를 높이기 위해서다.

예식 가치를 지녔던 예전의 인간 얼굴은 오늘날 사진에서 완전히 사라졌다. 페이스북 시대는 인간 얼굴을 페이스face로 만든다. 페이스의 알파요 오메가는 전시 가치다. 페이스는 바라봄의 아우라가 없는, 전시된 얼굴이다. 그것은 인간 얼굴의 상품 형태다. 바라봄에는 내면성, 겸양, 거리 두기가 깃들어 있다. 그래서 바라봄은 전시될 수 없다. 얼굴이 상품화되어 **페이스**가 되려면, 바라봄은 파괴되어야 한다.

오늘날 사람들이 카메라 앞에서 뛰어오르는 이유를 전시 가치에서 비로소 이해할 수 있다. 회상 예식이 기념하는 순간 혹은 사건은 사라진다. 모두가 앞으로 나와 자기를 전시한다. 나는 상표처럼 두드러져야 한다. 그리하여 사진은 세계를 상실한다. 세계는 자아의 아름다운 배경으로 전락한다.

기억과 역사가 없는 사진, 말하자면 항상 뛰어오르는 중인 사진, 전혀 다른 시간 구조를 가진 사진, 시간적 너비와 깊이가 없는 사진, 덧없는 감정이 이는 한순간에 소진되는 사진, 서사적이지 않고 단지 지칭적인 사진이 발생한다. 뛰어오를 때 온몸은 자기 자신을 가리키는 집게손가락의 구실을 하게 된다. 롤랑 바르트가 보기에 사진의 본질은 "이러이러했음"이다. 이 본질은 사진에 예식가치를 부여한다. 반면에 디지털 사진은 나이가 없다. 운명도 없고, 죽음도 없다. 디지털 사진의 특징은 영원한 지금 여기 있음이다. 디지털 사진은 기억 매체가 더는 아니다. 오히려 쇼윈도 같은 전시 매체다.

니체는 토막글 〈고향 없는 향수–방랑자Das Heimweh ohne Heim–Der Wanderer〉에서 이렇게 쓴다. "그들이 과거에 무로부터 창조한 신—이 얼마나 경이로운가! 이제 그들에게 신은 무無가 되어버렸다. 뛰어오르는 거미원숭이들처럼 성급하다." 니체는 이 뛰어오르는 거미원숭이들을 "최후의 인간들"이라고도 불렀다. 그들은 "쾌감과 불쾌감에 성마르게 반응하며, 바꿔 말해 순간의 말뚝에 매여" "이리저리 뛰어오르는" 저 "떼거리"와 같다.

니체가 말한 "최후의 인간들"은 오늘날 카메라 앞에서 뛰어오른다. 새로운 인간이 출현한다. 호모 살리엔스 Homo saliens, 곧 뛰어오르는 인간이다. 이름의 발음은 호모 사피엔스와 유사하지만, 호모 사피엔스의 핵심 특징인 통찰과 지혜의 미덕은 호모 살리엔스와 거리가 한참 멀다. 호모 살리엔스는 주목받기 위해 뛰어오른다.

난민들은 어디에서 올까?

2008년 금융위기로 곤경에 빠진 은행들을 위한 구조작업은 신속했고 세간의 이목을 집중시켰다. 유럽연합 국가들은 1조 6000억 유로를 쏟아부어 그 은행들의 파산을 막았다. 세금으로 마련한 그 1조 6000억 유로는 유럽연합 국내총생산(GDP)의 13퍼센트에 해당한다. 그 금융위기가 유발한 비용은 독일에서만 1870억 유로에 달했다.

은행들이 생사의 기로에 섰을 때, 유럽은 결연하고 헌신적인 모습을 보였다. 반면에 사람들의 목숨이 위태로운 지금, 유럽은 덜 결연하게 행동한다. 지난 화요일에 앙겔라 메르켈(전 독일 총리―옮긴이)은 난민을 돕겠다고 명확히 밝혔는데, 이는 예외적인 행동이다. 이 같은 현재의 난민 위기 앞에서, 수많은 사람을 난민으로 만드는 곤궁에

서양이 얼마나 큰 책임이 있는지 되짚어보는 것은 적절한 작업이다.

지중해를 건너오는 보트 난민 과반수의 출신 대륙인 아프리카에 관한 몇 가지 사실을 살펴보자. 아프리카에 이루 말할 수 없는 고통을 안겨준 유럽의 식민주의는 기본적으로 오늘날에도 지속되고 있다. 더 세련되고, 국제적으로 더 확장된 형태로 말이다. 한때 유럽 식민주의 세력들은 아프리카 대륙을 자의적인 국경들로 분할했고 그럼으로써 분쟁을 유발했다. 식민지배가 끝난 뒤에도 유럽인과 미국인은 자기네 이익을 관철하기 위하여 수십 년 동안 독재자들을 지원했다. 지금은 저렴한 천연자원을 향한 탐욕이 아프리카에서 정치적 동요를 유발하고 수많은 희생자를 내는 전쟁의 부분적인 원인으로 작용한다. 콩고를 비롯한 국가들은 여러 영역으로 분열되었고, 아동 병사들을 거느린 군벌들이 그 영역들을 통제한다. 그 군벌들은 서양 기업들과 거래한다. 그 기업들의 관심사는 오로지 천연자원뿐이다. 인종 갈등은 부차적인 사안이다.

우리가 열렬히 사랑하는 스마트폰, 태블릿, 게임 콘솔 같은 제품에 들어가는 희토류는 참담한 노동조건에서 채굴된다. 주로 중국에서 일어나는 이 착취에 모든 산업국가들이 동참하고 있다. 서양의 복지는 타인들의 곤궁에 기반을 둔다. 이는 지구적 자본주의에 본질적인 비대칭이다. 폭력과 불공정은 시스템에 내재한다. 지구적 복지는 자본의 논리에 어긋날 성싶다.

2013년에 프랑스는 전투 병력을 말리에 파견했다. 전면에 내세운 명분은 이슬람 테러리스트 소탕이었지만, 이 사건에서도 지하자원이 큰 역할을 했다. 프랑스 국영 기업집단 아레바Areva(2016년 이후에는 민영 에너지 기업집단―옮긴이)는 말리와 인접한 니제르에서 우라늄을 채굴하여 유럽 원자력 발전소에 조달한다. 우라늄을 채굴할 때 발생하는 폐석들은 노지에 방치된다. 방사능 물질로 오염된 먼지구름이 니제르 상공을 떠돈다. 이미 2010년에 〈슈피겔〉이 보도했듯이, "아레바 병원Areva Klinik"은 우라늄 채굴로 인한 암 발병 위험에 대해서 함구하고 암 사망자들에게 말라리아로 인한 사망이라는 허위 진단서를 발급한다. 장 지글러는 저서 《굶주리는 세계, 어떻게 구할 것인가?》에서 전 세계적 기아 참사가 어떻게 일어나는지를 다시 한번 생생하게 서술한다. 많은 경우에 원인은 국제통화기금의 정책이다. 그 기관은 초대륙적 식품 기업집단들을 위해 남반구 국가들의 시장을 개방하고자 한다. 그러나 자유무역은 토박이 경제를 황폐화하고 다른 여러 요인과 함께 기아와 죽음을 일으킨다. 이런 맥락에서 보면, 세계 기아를 새로운 기술로 극복하자는 취지로 열린 밀라노 엑스포(2015년 5월부터 10월까지 '식량'과 '에너지'를 주제로 열렸다—옮긴이)는 노골적인 냉소다.

또 다른 난민은 동유럽에서 온다. 1999년에 나토는 코소보 전쟁에서 유엔의 위임 없이 코소보를 폭격했고, 독일 연방군도 공습에 가담했다. 그러나 독일 연방정부가 약속한 코소보의 종합적 재건은 실현되지 않았다. 지금 독일 연방정부는 코소보에서 온 난민을 돌려보내고 있다.

서아시아에서 오는 난민도 있다. 2011년에 유럽 국가들은 리비아에 군사적으로 개입했고, 그로 인해 그 국가는 대혼란에 빠졌다. 현재 이라크의 혼란에 앞서 이라크 전쟁이 있었고, 서양은 그 전쟁을 새빨간 거짓말로 정당화했다. 이라크는 인종과 종교의 측면에서 불안정하며 분쟁의 위험이 높은 국가였다. 이 국가는 영국 식민지배의 산물이었다. 19세기의 아프가니스탄도 마찬가지였다. 소련이 개입하면서 이라크 내전은 미국의 지원을 받는 무자헤딘과 소련 사이의 대리전으로 비화했다.

지금 사람들은 탈레반을 피해 도피한다. 그러나 이 상황도 서양과 무관하지 않다. 스탠퍼드대와 뉴욕대의 법학자들은 연구 보고서 〈드론 아래에서 살기Living Under

Drones〉에서, 드론을 통한 예방적 살인은 테러 위협을 감소시키지 못한다는 결론을 내린다. 드론이 투입된 이후 테러 위협은 오히려 증가했다. 왜냐하면 드론은 증오와 복수를 부추기기 때문이다. 더 많은 민간인이 죽임을 당할수록, 더 많은 테러리스트가 생겨난다. 그리고 불안이 일상을 지배한다.

현재 최대 위협은 의심할 바 없이 "이슬람국가"다. 이 무장단체도 이라크 전쟁을 토양으로 삼아 성장했다. 그리고 이를 유념해야 하는데, 이슬람 근본주의와 신자유주의적 자본주의는 동전의 양면이다. "너희는 삶을 사랑하고, 우리는 죽음을 사랑한다"라는 알카에다의 격언은, 소비사회와 이슬람 근본주의가 서로의 조건이라는 점을 상기시킨다. 소비사회의 건강 히스테리는 삶을 의미가 제거된 한낱 삶으로, 어떤 대가를 치르더라도 연장할 가치가 있는 삶으로 만든다. 그리고 돈만으로는 정체성이 확립되지 않는다. 이슬람국가에 가담하여 복면을 쓴 사람들은 정체성만 없는 것이 아니라 희망도 없다. 의미심장한 사례로 딘슬라켄Dinslaken(독일 서부 도시—옮긴이) 출신의 청소년들을 들 수 있다. 실업률이 높은 그 도시에서 살던 그들은 "성전聖戰"에 참전했다.

마지막으로 시리아도 난민의 고향이다. 그곳의 내전은

대리전으로 발전했고, 그 대리전에 러시아, 이란, 미국, 페르시아만 연안 국가들이 얽혀들었다. 여기에서도 이 점을 유념해야 하는데, 석유가 매장된 페르시아만 연안 국가들은 지구적 자본주의의 전초 기지다. 그리고 아시아와 아프리카에서 온 이주자 수백만 명이 거기에서 부를 일구기 위해 노예처럼 뼈 빠지게 일한다.

찬양받는 환대 문화, 공감의 박수갈채, 또는 몇몇 유럽 연합 국가의 연대 부족에 대한 비판은 진짜 문제를 풀지 못한다. 그리고 감정은 근시안적이며 금세 사그라진다. 오직 이성만 넓은 안목을 지녔으며, 지금 필요한 것은 정치적 이성이다. 끝없이 인용문만 늘어놓는 토론은 단지 정치 부족에 대한 변명에 불과하다. 국경에 철조망을 설치하는 것은 난민을 범죄자로 선언하는 치안 활동으로서의 정치다. 오로지 이성에 따른 결연한 행위만이 시리아의 대리전과 난민들의 이루 말할 수 없는 비참함을 종식할 수 있다. 이런 의미에서 유럽은 자신을 더 잘 알아야 하고 자신의 역사로부터 세계에 대한 정치적 책임을 더 많이 넘겨받아야 한다. 안 그러면 언젠가 불쑥 상황의 심각함을 깨닫게 될 것이다.

괴물들이 사는 나라

칸트의 유명한 논문 〈영구평화론〉은 오늘날에도, 아니 바로 오늘날, 전 세계에서 늘어나는 분쟁들과 심화하는 난민위기와 관련하여 대단히 중요하다. 이성을 촉구하는 칸트의 목소리는 지금도 시의성을 잃지 않았다. 이성이 지휘하는 계몽은 여전히 이어갈 가치가 있는 과정이다.

전 세계의 분쟁들 앞에서 많은 이들은 인류가 이성의 올바른 사용으로부터 점점 더 아득히 멀어지고 있음을, 아니 인류가 아직 이성에 도달하지 못했음을 아프게 감지한다. 칸트가 보기에 이성은 자연상태로서의 전쟁상태를 종결하고 평화 상태를 "단박의 의무unmittelbare Pflicht"로 만든다. 칸트가 제안한 민중들의 연합Völkerbund은 이성이 이끄는 "평화 연합foedus pacificum"이다. 이 연합은

"평화조약pactum pacis"과 다르다. 왜냐하면 평화조약은 전쟁을 종결하긴 하지만 자연상태로서의 전쟁상태를 영구히 끝맺지 못하기 때문이다. "국가들로서의 민중들은 자연상태에서(곧 외적인 법률들에 속박되지 않은 상태에서) 함께 있는 것만으로도 벌써 서로를 손상시키는데, 그런 국가들은 개별 인간처럼 판결받을 수 있다. 그리고 모든 국가는 자국의 안전을 위하여 다른 국가에게 자국과 더불어 시민 헌법과 유사한 헌법을 채택할 것을 요구할 수 있고 해야 한다. 그 헌법 안에서 각국은 자신의 권리를 보장받을 수 있다. 이것이 민중들의 연합일 터이다."

전쟁을 단지 외견상으로라도 정당화하려는 시도가 벌써 칸트가 보기에는 "인간 안에 더 큰 도덕적 소질(언젠가는 인간 안의 악한 원리를 지배하게 될 도덕적 소질)이 비록 지금은 졸고 있더라도 엄연히 있음"을 증명한다. 왜냐하면 "그렇지 않다면 서로 싸우는 국가들이 올바름이라는 단어를 입에 올리는 일은 결코 없을 터이기 때문"이라고 칸트는 덧붙인다.

칸트에 따르면 평화도 "상업 정신Handelsgeist"을 통해 촉진된다. 상업 정신은 "전쟁과 양립할 수 없으며 조만간 모든 민중을 정복할 것이다." "돈의 권력Geldmacht"이 국가를 압박하여 상업에 해를 끼치는 전쟁을 거부하게 만든다. 그러나 이 평화의 원천은 "도덕성의 추진력들"이 아니라 "상호 자기이익"이다. 여기에서는 이성이 아니라 "자연"이 "인간의 성향들 안에 깃든 메커니즘"을 통해 평화를 유지한다. 반면에 이성은 자기이익을 위해 행위하지 않는다. 따라서 이성은 주관적 "성향들"에 맞선다.

유럽 자유무역지대로서의 유럽연합, 정부들이 각자의 민족국가적 이익을 위해 맺은 조약 공동체로서의 유럽연합은 칸트가 보기에 이성적 집합체가 아닐 터이다. 이성이 비로소 깨어나는 순간은, 조약 공동체로서의 유럽연합이 민주주의적 헌법 공동체로, 즉 인간존엄이나 평등 같은 인본주의적 가치들 곧 도덕성을 성문법으로 확립하는 공동체로 이행할 때일 터이다. 그런데 이 이행을 방해하는 것은 "돈의 권력", 현재의 유럽연합에서 주도권을 행사하는 "상업 정신"이다. 유럽연합은 오늘날 자본의 헤게모니로 표출되는 돈의 권력을 억누를 때만 이성이 지휘하는 헌법 공동체로 변신할 수 있다.

영원한 평화에 관한 칸트의 생각은 보편적 "환대"를 요구하는 대목에서 절정에 이른다. 그 요구에 따르면 모든 이방인은 타국에 머무를 권리가 있다. 그는 적대적인 대우를 받지 않으면서 거기에 체류할 수 있다. "그가 자기 자리에서 평화롭게 행동하기만 한다면" 말이다. "지상의

한 위치에 있을 권리를 남들보다 더 많이 가진 사람은 없다"라고 칸트는 쓴다. 칸트가 실제로 지적하는 세계의 지구화는 세계시민적 헌법과 짝을 이뤄야 한다.

칸트는 무엇보다도 "문명화된, 주로 상업을 영위하는 국가들의 비환대적 행태"를 꾸짖는다. "그들이 다른 국가들과 민중들을 방문할 때(그들은 방문과 정복을 마찬가지로 여기는데) 보여주는 부당함"은 "경악스러울 정도다!" 이 대목에서 칸트는 유럽 국가들의 잔인하기 그지없는 착취와 인간을 멸시하는 노예제를 혹독하게 비난한다. 칸트에 따르면, "그들은 불의를 물처럼" 마셨으며 "정통 신앙을 믿는 자기네가 선택된 자들로 대접받기를 바랐다." 그들은 낯선 나라들에서 손님이 아니라 강도처럼 행동했다. 칸트가 지금 살아 있다면, 오늘날 유럽에 진입하는 난민들이나 망명 희망자들은 "유럽 야만인"들과 달리 손님으로서 행동하며 평화롭다고 주장할 터이다.

환대는 인간애에 기반을 둔 유토피아적 관념이 아니라 이성 자체의 강제적 이념이다. "앞 절에서와 마찬가지로 여기에서 논의되는 것은 박애가 아니라 정의다. 그리고 환대는 이방인의 권리, 타향 출신이라는 이유로 이곳에서 적대적인 대우를 받지 않을 권리다." 환대는 "정의에 관한 환상적이고 과장된 견해가 아니라 성문화되지 않은 국법과 국제법 법전에 반드시 보충할 내용이다. 이 보충은 무릇 공적인 인권을 위해서이며, 따라서 영원한 평화를 위해서다. 오로지 이 조건 아래에서만 우리는 영원한 평화에 끊임없이 접근하는 중이라고 자부할 수 있다." 현재의 난민 위기에서 일부 유럽 국가들의 비환대적 행태는 커다란 위험이요 확연한 퇴행이다. 이를 새로운 야만이라고 해도 과언이 아니다.

칸트적인 의미의 이성은 보편적 규칙을 제시한다. 이성을 보유한 자들은 그 규칙을 자기이익보다 상위에 둔다. 유럽연합의 난민 정책은 오늘날 몇몇 회원국들의 몰沒이성과 이기적인 자기이익 고수에 발목이 잡혀 좌초하기 직전이다. 자기이익은 이성의 범주가 아니라 지성의 범주다. 자기이익을 기준으로 방향을 잡는 것은 충분히 합리적이겠지만 이성적이지는 않다. 이런 방향 잡기는 도덕성이 결여되어 있다. 자기이익을 기준으로 방향을 잡는 사람은 "도덕성의 추진력들"에 따라 행위하는 것이 아니다. 자기이익 추구는 인간의 "성향Neigung"이다. 우리는 이성을 위하여 이 성향을 극복할 필요가 있다. 성향들은 우리를 자유롭지 못하게 한다. 오로지 스스로 법을 정하는 도덕적 이성만이 자유를 약속한다. 난민 위기와 관련하여 최근에 이런 주장이 제기되었다. "단지 공감만 느끼는 사람은 지성이 없는 사람이다." 칸트라면 이렇게 맞받아쳤을 것이다. "단지 지성만 가진 사람은 이성이 없는 사람이다." 심지어 누군가가 부모 없는 난민 아동에게 들어갈 비용이 막대한 금액이라고 지적하는 것을 칸트가 들었다면, 그는 무조건 지켜야 할 그 아동의 존엄을 명시적으로 지적했을 것이다. 금액은 지성의 범주인 반면, 존엄은 이성의 범주다.

오늘날 경제 단체들이 앞다퉈 지적하는 바에 따르면, 독일은 이민자들 덕분에 혜택을 입을 것이다. 난민들은 전문 인력의 부족 문제를 완화할 것이며 심지어 국가의 인구 구조를 더 젊게 만들 것이다. 요컨대 난민들은 손해보다 더 많은 이익을 가져다줄 것이다. 이는 얼마든지 가능한 이야기다. 그러나 우리가 난민을 어떻게 다뤄야 할지에 관한 토론은 이익 계산과 상관없이 이루어져야 한다.

이익을 따지는 질문은 이성의 결정을 합리적 계산으로 격하한다. 도덕적 이성이 계산하는 지성에 맞서 우위를 점해야 한다. 도덕성은 사업 및 계산과 근본적으로 다르다. 도덕성은 어떤 의미에서 맹목적이다. 바로 이런 점에서 이성은 인본주의적이며 돈으로 매수할 수 없는 힘을 지녔다.

오늘날의 과도자본주의에서 중요한 것은 오로지 금액

이다. 이 체제에는 존엄을 위한 자리가 없다. 자본은 오늘날 모든 것을 굴복시킨다. 평생 가치란 고객인 한 인간이 살아갈 인생의 모든 순간이 상업화될 때 그 인간으로부터 뽑아낼 수 있는 가치의 총액을 말한다. 여기에서 인격체는 고객 가치 혹은 시장 가치로 환원된다. 평생 가치라는 개념의 바탕에는 인격체 전체, 인격체의 삶 전체를 순수한 상업적 가치로 번역하겠다는 의도가 깔려 있다. 과도자본주의는 또한 인간 실존을 상업적 관계들의 망 안으로 완전히 녹여 넣는다. 오늘날 상업적 활용에서 벗어난 삶의 영역은 더는 없다. 과도자본주의는 모든 인간관계를 상업적 관계로 만든다. 이 체제는 인간으로부터 존엄을 앗아간다. 존엄을 시장 가치로 완전히 대체한다. 오늘날 세계는 단일한 백화점이 되었다. 유럽 백화점으로서의 유럽연합이 난민을 위한 공간을 활짝 열까? 필시 난민은 백화점에 어울리지 않는다.

독일은 인간존엄을 비롯한 도덕적 가치들을 한결같이 따를 때만 이성이 지휘하는 문화국가로 자부할 수 있다. 우리에게는 비단 연대와 공감뿐 아니라 무엇보다도 이성을 실천할 책임이 있다. 이성은 한낱 공감보다 훨씬 더 안정적이고 신뢰성이 높다. 난민위기는 독일에게 오히려 커다란 역사적 기회일 수 있다. 독일은 이성이 지배하는,

도덕적으로 성숙하고 신뢰할 만한 국가라는 것을 온 세상에 증명할 기회 말이다.

난민위기와 관련한 모든 포퓰리즘은 이성을 배신한다. 빅토르 오르반(극우 성향의 헝가리 총리—옮긴이) 같은 정치인들도 이성과 절연하고 다시 "유럽 야만인"으로 전락한다. 지금 난민을 공격하고 아무 거리낌 없이 폭력을 행사하는 극우파들은 "인류의 미숙함, 세련되지 못함, 짐승 수준으로의 품위 절하"를 보여준다고 칸트라면 말했을 것이다.

이제껏 거의 주목받지 못한 〈영구평화론〉의 "덧붙이는 말Anhang"인 "영원한 평화와 관련한 도덕과 정치 사이의 부조화에 관하여"에서 칸트는 정치와 도덕을 통일할 필요성을 환기한다. 칸트에게 도덕은 "무조건 명령하는 법칙들의 총합"이다. 참된 정치는 "더 먼저 도덕에 충성하지 않으면 한 걸음도 내디딜 수 없다." 정치가 이성의 법칙들에 굴복하는 것이 아니라 오로지 경제적 강제들에 굴복한다는 점에서 도덕과 정치 사이의 현격한 부조화는 오늘날에도 있다. 경제는 이성의 범주가 아니다. 지금 도덕은 "처세술"에 밀려나고 있다. "이익을 위한 타산적 의도에 가장 적합한 수단을 선택하는" 것을 돕는 "격언들로 이루어진 이론"에 말이다. 처세술은 "아무튼 도덕이 있다는 것"을 부정한다.

니클라스 루만이 연구한 시스템이론의 언어를 빌리면, 오늘날 정치는 하나의 부분 시스템으로 퇴화하고 있다. 그 부분 시스템의 매체는 권력이다. 반면에 경제는 모든 사회적 영역들을 부분 시스템들로 받아들여 소화하는 슈퍼시스템으로 발전하고 있다. 심지어 도덕 시스템도 경제 슈퍼시스템에 흡수된 것처럼 보인다. 실제로 약간의 도덕은 오늘날 잘 팔린다. 예속된 부분 시스템으로서의 정치는 경제 시스템에 거의 영향을 미칠 수 없다. 왜냐하면 정치가 경제 시스템에 철저히 의존하기 때문이다. 정치 부분 시스템이 보유한 행위 가능성은 한낱 권력 유지로 쪼그라들었다. 그리하여 사람들은 권력 유지를 위해 모든 수단을 동원한다. 미래 비전은 오히려 권력 유지를 방해할 수 있다.

정치는 다시 "도덕성의 추진력들"과 연대, 정의, 인간존엄 같은 도덕의 가치들 앞에 고개를 숙여야 할 것이다. 이를 위해 "돈의 권력", 자본의 헤게모니를 억누르거나 최소한 뒤로 제쳐 놓아야 할 것이다. 모든 도덕성을 결여한 정치는 유럽연합을 부정의가 심화하는 시장이나 백화점으로 전락시킬 것이다. 백화점은 게스트하우스가 아니다. 유럽이 "상업 정신"보다, 자기이익보다 더 높이 상승하여 게스트하우스의 역할을 하는 것이 절실히 필요하다.

난민은 누구일까?

한나 아렌트는 1943년에 시사지 〈메노라 저널The Menorah Journal〉에 〈우리 난민들〉이라는 제목의 논문을 발표했다. 그 작품에서 아렌트는 전통적인 난민 개념과 기분 좋게 작별한다. 그녀는 이렇게 쓴다. "지금까지는 자신의 행위나 정치적 직관 때문에 어쩔 수 없이 도피처를 찾는 사람이 난민으로 여겨졌다. 우리 중 대다수는 꿈속에서조차도 어떤 급진적인 정치적 직관을 품지 않았다. 우리에 이르러 '난민' 개념의 의미가 바뀌었다. 요새 '난민'은 우리 중에서, 새로운 국가에서 무일푼으로 버티며 난민 위원회의 도움에 의존하는 '불운'을 겪는 사람들을 뜻한다." 따라서 그 사람들은 "난민"이 아니라 오히려 "신입자" 혹은 "이주자"로 불린다. 이 대목에서 아렌트는 전혀 새로운,

어쩌면 미래에 등장할 난민을 떠올린다. 그 난민은 더 나은 삶을 기대하며 새 국가로 가는 평범한 누군가다.

아렌트는 그 "낙관주의적 난민"에 관한 서술을 이렇게 이어간다. "우리 중에 낙관주의가 가장 강한 사람들은 자신이 과거의 인생 전체를 일종의 무의식적 망명 상태에서 보냈으며 자신의 새로운 삶에서 비로소 진정한 고향을 가지는 것이 무엇인지 배웠다고까지 주장한다. 우리 중에 낙관주의자들은 1년 뒤에 벌써 자신이 영어를 모어만큼 잘한다고 굳게 확신한다. 2년 뒤에 그들은 자신이 다른 어떤 언어보다 영어를 더 잘한다고 엄숙히 맹세한다. 독일어는 거의 기억나지 않는다면서 말이다." 이 유형의 난민들은 망각하기 위하여 강제수용소나 포로수용소를 연상시키는 모든 것을 기피한다. 그런 모든 것은 그들을 "비관주의자"로 만들 터이다. 한나 아렌트는 같은 독일인인 어느 남자의 말을 인용한다. 그 남자는 프랑스에 도착하자마자 이른바 적응협회를 설립했다. "우리는 독일에서 좋은 독일인이었다. 따라서 우리는 프랑스에서 좋은 프랑스인이 될 것이다." 한나 아렌트에 따르면, 이상적인 이주자는 "자신이 몹시 탐낸 허리선을 실현해줄 것 같은 새 옷을 얻으면 어김없이 기뻐하는 통통한 여성"과 같다.

실은 나 자신이 한나 아렌트가 말하는 낙관주의적 난민이었다. 나는 나의 조국에서는 불가능했던 삶을 새 나라에서 살고자 했다. 주변의 기대와 관습적 구조들은 내가 전혀 다르게, 근본적으로 다르게 사는 것을, 심지어 생각하는 것을 허용하지 않을 터였다. 당시에 나는 스물두 살이었다. 한국에서 금속공학 공부를 마친 후 나는 독일에서 철학, 문학, 신학을 공부하고자 했다. 서울에 있는 대학교 캠퍼스에서 나는 하늘을 자주 쳐다보았고, 이 하늘 아래에서 온 생애를 금속공학자로 보내기로 마음먹기에는 하늘이 너무 아름답다고 생각했다. 나는 더 아름다운, 더 나은 삶을 꿈꿨다. 삶에 관하여 철학적으로 숙고하고 싶었다. 나는 독일로 달아났다. 그리하여 스물두 살에 돈도 없고 언어도 없이 독일에 도착했다. 당시에 나는 독일어를 거의 못했다.

처음에 나는 모든 낙관주의적 난민과 마찬가지로 사회적 고립에 직면했다. 고립은 고통스럽다. 덕분에 나는 현재 난민들의 고통에 깊이 공감한다. 나는 그들과 더불어 괴로워한다. 나의 형편없는 독일어로 사회적 구조들 안에 끼어들기는 어려웠다. 내가 추구하는 정착Einleben을 (나는 '통합Integration'이라는 말을 웬만해서는 꺼린다) 가로막는 주요 장애물은 언어 능력의 결핍이었다. 그때 겪어보니 정착을 위한 최선의 전략은 사랑이었다. 나를 사랑하는 독일 여자가 있다면, 그녀는 내가 그녀에 관하여 어떤 생각을 하는지 어떤 감정을 느끼는지 등을 이해하기 위해서 내 말에 귀를 기울이고 나에게 신속하게 독일어를 가르쳐주리라고 나는 소박하게 생각했다. 나는 모든 독일어 단어 하나하나를 거의 탐욕스럽게 습득했다. 독일인처럼 말하고 싶었다. 그것이 나의 야망이었다. 잘 알려져 있듯이 빌리 브란트도 이 전략을 따랐다. 망명 후 몇 달이 채 지나지 않아서 그는 노르웨이어로 기사를 쓰고 연설을 했다. 정체를 숨기고 군나르 가슬란드Gunnar Gaasland라는 가명으로 베를린에 머무는 동안, 그는 노르웨이어 억양이 섞인 독일어를 썼다. 그가 외국어를 그토록 신속하게 습득한 것은 그의 언어적 재능뿐 아니라 언어를 향한 욕망, 아니 사랑을 향한 욕망 덕분이었던 것이 틀림없다.

독일에 온 지 일 년이 지났을 때 나는 한나 아렌트가 서술한 낙관주의적 난민처럼 내가 다른 어떤 언어보다 독일어를 더 잘한다고 믿었다. 애국심도 한나 아렌트가 보기에는 순전히 "연습의 문제"다. "이상적인 이주자"는 "곧바로 고향의 산을 발견하고 사랑하는" 사람이다. 그는 애국자, 나라를 사랑하는 자다. 그는 자신이 새로 정착한 나라를 사랑한다. 나도 이 나라를 사랑한다. 어느 날 나는 독일 시민권을 취득했고 그 대가로 한국 여권을 포기했다. 지금 나는 독일인이다. 어느새 모어보다 독일어를 더 잘한다. 나의 모어 한국어는 정말로 단지 어머니의 말로 퇴화해버렸다. 무슨 말이냐면, 나는 오직 어머니하고만 한국어로 말한다. 나의 모어는 이제 나에게 낯설어져버렸다. 나는 독일을 사랑한다. 심지어 독일 애국자로, 독일을 사랑하는 자로 자부하고 싶다. 나의 애국심은 최소한 페트리Christian Petry(독일 사민당 정치인―옮긴이), 가울란트Alexander Gualand(독일 우익포퓰리즘 정치인―옮긴이), 회케Björn Höcke(독일 극우 정치인―옮긴이)의 애국심을 합친 것보다 더 크다. 이 정치인들은 책임감 없는 포퓰리즘으로 나의 나라 독일의 품격을 떨어뜨린다. 나에게는 늘 따뜻한 환대를 베풀어준 나라 독일의 품격을 말이다.

출신국에서 좋은 시민이었던 사람은 새 나라에서도 좋은 시민이 된다. 우리는 이 "신입자들"을 계속 환영해야 한다. 아니스 암리Anis Amri(2016년 베를린 크리스마스 장터 트럭 돌진 테러범―옮긴이)처럼 출신국에서 이미 범죄자였던 사람은 새 나라에서도 계속 범죄자로 머무를 것이다. 우리는 그를 배척할 것이다. 하지만 우리는 신입자들이 좋은 시민이 될 수 있는 환경을 제공해야 한다.

그런데 좋은 시민이란 무엇일까? 나는 베를린 예술대

학교에서 교수가 된 두 번째 한국인이다. 첫 번째는 윤이상이다. 그는 중요한 작곡가였다. 그리고 정치적인 인물이었다. 1960년대에 그는 당시 대한민국의 군사독재에 격렬히 저항했다. 1967년에 그는 독일 한복판에서 대한민국 비밀정보 기관원들에게 납치당했다. 그리고 서울에서 무기징역을 선고받았다. 조기 석방 후 독일로 돌아온 그는 대한민국 정부의 조치로 시민권을 상실했다. 윤이상은 난민이 되었고 독일 시민권을 취득했다. 하지만 어쩌면 그는 한나 아렌트처럼 자신을 난민으로 여기지 않았을 것이다. 한나 아렌트처럼 윤이상도 "나는 좋은, 낙관주의적인 이주자다"라고 말했을 법하다. 그의 독일어는 탁월했다.

좋은 시민은 내면에서 우러나는 신조에 따라서 좋다. 그는 자유, 형제애, 정의 같은 도덕적 가치들을 공유한다. 정치적 지배 시스템에 맞선 그의 행위는 그 시스템에 의해 범죄화될 수도 있다. 그러나 설령 그렇다 하더라도 그는 도덕적(칸트가 말하는 의미의) 신조로 인해 좋은 시민이며 또한 애국자, 나라와 인간을 사랑하는 자다.

말년에 윤이상은 재통일된 독일에서 자주 발생한 외국인 적대행위에 절망했다. 로스토크의 리히텐하겐 구역에서 계약 노동자 출신의 베트남인을 위한 기숙사가 방화로 불타는 모습을 보며 박수하는 군중 앞에서 윤이상은 당황한 기색을 보였다. 그리고 실망했다. 왜냐하면 그는 독일을 사랑했기 때문이다. 로스토크에서 일어난 폭동은 내가 보기에도 소수 민족 학살 같았다. 이 순간, 독일을 비롯한 유럽 국가들에서 수많은 난민을 마주하고 다시 타오르는 외국인 적대심이 나를 불안하게 만든다. 내가 가장 바라는 바는 다시 한번 꿈의 나라로, 환대의 나라로 달아나는 것이다. 그 나라에서라면 나는 다시 완전한 의미에서 애국자 곧 나라를 사랑하는 사람이 되어도 될 것이다.

아름다움은 낯섦 안에 있다

유럽은 무엇일까? 유럽을 어떻게 정의할 수 있을까? 모든 자유주의liberal 정당들은 오늘날 유럽을 신봉한다. 하지만 그들이 신봉하는 것은 과연 무엇일까? 지리적으로 경계를 그을 수 있는 어떤 대륙? 혹은 어떤 사상?

　하지만 유럽의 바탕에 어떤 사상이 깔려 있을까? 유럽은 어디에서 시작하고 어디에서 끝날까? 예컨대 현재 유럽이 경제적으로뿐 아니라 군사적으로도 경계 밖으로 밀어내려 열중하는 러시아는 지리적으로뿐 아니라 문화적으로도 유럽에 속한다.

　유럽은 정말로 대안이 없을까? 유럽의 대안은 오늘날 '독일을 위한 대안'(독일 우파 정당의 명칭이기도 함—옮긴이)과 마찬가지로 우익포퓰리즘 정당들에 의해 촉구되고 거의 독점된다.

지금 자유주의 정당들이 대담하게 옹호할 수 있을 만한 유럽의 대안은 정말로 없을까? 유럽은 지금 여러 정치적 토론에서 개념 없이 헤매고 있다.

지리적으로는 안 된다면 개념적으로 유럽의 경계를 긋는 것은 가능할까? 그런데 자세히 살펴보면 유럽은 정말유령 같다.

우선 유럽이라는 명칭은 그리스어 '에우로페europe'를 연상시킨다. 에우로페는 에우리스(eurys, 넓은)와 옵스(ops, 시야)로 이루어진 합성어다. 이렇게 보면, 유럽(Europa, 에우로파)은 간단히 넓은 시야를 가진 여자를 뜻한다.

본래는 아름다운 명칭이다. 그리스 신화에 따르면, 에우로파는 페니키아 공주의 이름이다. 제우스는 황소의 모습으로 나타나 그녀를 크레타로 납치했다. 그러니까 유럽인의 최초 조상인 여성은 역설적이게도 서아시아 출신이다

원래 지리적 용어로서의 유럽은 펠로폰네소스 반도만을 가리켰다. 그 후 그리스 지리학자 헤로도토스가 유럽의 개념을 지중해 북쪽의 대륙으로까지 확장했다.

그러나 유럽은 지리적으로 정의될 수 없다. 유럽과 아시아를 가르는 명확한 경계선이 없다. 요컨대 유럽은 인

위적인 구성물이며, 그런 연유로 역사적 변동과 재구성을 겪는다. 오늘날 유럽은 순전히 경제적인 구성물로 전락하고 있다.

예컨대 북한보다 더 동쪽에 있는 러시아 항구도시 블라디보스토크 거주자들은 유럽인인 반면, 그 이웃들은 아시아인일까? 일본인이나 중국인은 아시아인으로 불리는 것을 그리 달갑게 여기지 않을 성싶다.

만약에 어느 독일인이 나에게 "너 아시아인!"이라고 한다면, 그 말은 은근히 모욕적으로, 심지어 인종주의적으로 느껴진다. 적어도 북한과 러시아 사이 국경에 도달하면, 유럽이라는 개념은 위태롭게 흔들린다.

독일인은 추상물을 좋아하는 경향이 있다. "독일적인 것은 무엇일까?"라는 질문은 매우 독일적이다. "한국적인 것은 무엇일까?"라고 묻는 한국인은 없을 성싶다. 이 질문을 받은 한국인은 김치나 비빔밥을 언급할 것이다.

반면에 독일인은 "독일적인 것은 무엇일까?"라는 질문 앞에서 숙고에 든다. 정의를 제시하거나 "본질"을 선언하기 위하여 온갖 수단이 동원된다.

아도르노도 저술 《독일적인 것은 무엇일까?》에서 정의를 제시할 책임을 느낀다. 특유의 어투로 아도르노는 이렇게 쓴다. "지금 독일적인 것이 무엇인지 확정하기 위한 가망 없는 노력에서가 아니라, 현재 모습이 마지막이어서는 안 된다는 생각에 대한 충실성에서, 즉 인류로의 이행에서 이 (독일적인 것이라는) 개념이 여전히 주장할 법한 의미를 짐작할 수 있다."

아도르노는 독일적인 것을 시장과 자본주의에 저항하는 맞수Gegenbild로 추어올린다. 아도르노에 따르면 미국인은 시장과 자본주의에 빠져들었다. 그러므로 독일적임이란 자본주의와 근본적으로 절연하는 인류를 향한 헌신을 의미한다.

오늘날에는 유럽도 추상적인 경제적 집합체다. 개별 사람들을 등한시하는 그 집합체는 지구적인 상황에 에누리 없이 순응한다. 경제적 추상물로서의 유럽은 도처에서 불만을 유발한다. 모든 추상물은 차이를 평준화한다. 이것이 추상물의 폭력이다.

실제로 지구화는 모든 지역적 차이를 폭력적으로 제거한다. 이는 자본과 소통의 순환을 가속하기 위해서다. 바로 모든 것을 같게 만드는 지구화의 폭력 앞에서, 정체성을 향한 그리움이 깨어난다. 오늘날 정체성은 특히 우익 포퓰리즘 정당들에 의해 이용된다.

모든 것을 같게 만드는 지구화, 세계의 총체적 현금화와 다를 바 없는 지구화는 사람에게서 의미와 방향 감각을 앗아간다. 지구화의 탈脫장소화하는 폭력은 장소를 향한 그리움을 불러일으킨다. 분리주의 운동과 마찬가지로 정체성 운동도 모든 것을 평준화하는 지구적인 것의 폭력에 대한 비합리적 대응이다. 테러리스트는 상상된 방법으로 의미를 짜내려 애쓴다.

오늘날 유럽은 다름 아니라 관료주의적 경제 집합체, 외부를 막는 장벽과 울타리로 둘러싸인 자유무역지대다. 그 장벽과 울타리의 역할은 달갑지 않은 손님들의 진입을 막는 것이다. 지구화는 모든 것을 같게 또 비교할 수 있게 만든다.

모든 낯섦은 추방된다. 타자의 특이성은 우리 각각을 무시하는 지구적인 것을 교란한다. 지구적인 것의 막강한 힘 앞에서 사람들은 오늘날 민족주의, 지역주의, 지방주의로 대응한다. 그런데 이 주의들은 자유와 독립을 명분으로 내세운다. 대표적인 예로 카탈루냐를 들 수 있다.

이런 상황에서 유럽인이 되는 것은 바람직하지 않다. 타자로부터 영감을 얻는 독일인으로 머무르는 것이 더 낫다. 독일인으로부터 영감을 얻는 프랑스인이 되는 것이 어디에서나 같은 유럽인이 되는 것보다 더 바람직하다.

올해 프랑크푸르트 도서전에서 프랑스 대통령 에마뉘엘 마크롱은 자신이 발터 베냐민을 읽으면서 보들레르를 발견했다고 말했다. 그러니까 독일인이, 독일계 유대인이 처음으로 그 프랑스인으로 하여금 보들레르를 읽게 했다는 것이다. 이방인이 그에게 그 자신의 것을 해독해준 셈이다.

요컨대 프랑스인 마크롱은 독일인(독일계 유대인)의 매개를 통해 비로소 자신의 것을 얻었다. 여기에서 보듯이, 낯선 것은 고유한 것을 위해 필수적이다. 낯선 것이 없으면 우리는 고유한 것을 보지 못한다.

프랑스 가수 바르바라Barbara는 프랑스계 유대인이며 1964년에 괴팅겐을 방문하여 그 낯선 도시로부터 영감을 얻었다. 그리하여 아름다운 노래 〈괴팅겐〉이 탄생했고, 바르바라는 그 노래로 세계적인 명성을 얻었다. 다름 아니라 타인을 향한 그녀의 상상이 괴팅겐에 혼동할 수 없는 정체성을 부여했다. 바르바라는 그 도시를 사랑과 화해의 장소로 찬미한다.

물론 거기에 그의 흔적은 없네
숲도 뱅상의 숲은 아니지,
하지만 할 말이 많이 남아 있어
괴팅겐, 괴팅겐에 관해서.
파리는 늘 찬미되고 또 찬미되지만

괴팅겐에 관한 노래는 하나도 없지
하지만 거기에서도 사랑이 꽃피네
괴팅겐, 괴팅겐에서.

헤겔에 따르면, 화해란 일반적인 것과 특수한 것을 매개하기다. 그렇다면 오늘날의 유럽은 화해의 집합체가 아니다. 왜냐하면 유럽은 탈정치적 관료주의적 권력으로 처신하기 때문이다. 그 권력은 특수한 것에 맞서거나 특수한 것을 무시한다.

화해는 또한 자유다. 특수한 것이 추상적 일반자 아래 예속되어 있을 때, 특수한 것은 어떤 자유도 없다. 추상적 일반자는 다양하기 그지없는 저항을 불러일으킨다.

개인적으로 나는 독일이 반드시 고향처럼 익숙해지기를 바라지 않는다. 독일은 나의 아름다운 낯선 곳으로 머무르고, 나는 기꺼이 이방인으로, 낯선 곳에서 영감을 받는 이방인으로 머무른다. 독일을 낯선 곳으로서, 독일어를 낯선 언어로서 사랑한다는 점에서 나는 애국자, 곧 나라를 사랑하는 사람이다.

나는 외국 화폐도 사랑한다. 지금도 나는 독일에서 쓰는 것과 똑같은 화폐를 이탈리아나 프랑스로 여행 가서 만나면 짜증이 난다. 여행 중에 외국 지폐를 손에 쥐는 것은 나에게 늘 기쁜 경험이었다. 어디에서나 똑같은 유로 지폐는 나에게서 이 특별한 기쁨을 앗아갔다.

어린 시절에 나는 열정적으로 우표를 수집했다. 우표는 내 안에서 낯선 것에 대한 환상을 불러일으켰다. 유럽 우표가 도입된다면, 그것은 그 자체로 공포일 터이다. 내가 느끼기에 낯선 것은 유혹하는 힘을 지녔다. 같은 것, 지구적인 것은 나를 유혹하고 홀리지 못한다. 정신은 낯선 것을 사랑한다고 나는 생각한다. 낯선 것이 없으면 영감이 고갈된다.

바르바라는 유럽인이 되려고 애쓰지 않았을 성싶다. 그녀는 프랑스계 유대인이었고, 화해를 위한 헌신의 일환으로 독일어로도 노래했다. 바르바라의 독일어는 아름답다. 내가 보기에 낯섦을 빼놓고 아름다움을 생각하는 것은 불가능하다. 모든 진짜 아름다움은 낯설다.

모든 낯섦이 제거된 지구적 영어는 절대적 소멸 단계의 언어다. 독일인들이 지구적인 영어로 서로 대화하는 모습은 기괴하게 느껴진다. 독일인은 독일인으로 머물러야 마땅하다. 심지어 독일인은 고유한 특징을 최대한 많이 발전시켜야 한다. 아무런 양심의 가책도 느끼지 않으면서 말이다.

프랑스인은 더 프랑스적이게 되어야 마땅하다. 프랑스

인이 더 유럽적이게 되는 것은 바람직하지 않다. 물론 국민전선(프랑스 극우 정당—옮긴이)에 귀의하지는 말아야겠지만 말이다. 우리가 서로에게 이방인인 것은 반드시 막아야 할 상태가 아니다. 오늘날 낯섦은 자본과 정보의 지구적 교환을 방해하기 때문에 제거된다.

우리는 모두 대세 순응주의자가 되어버렸다. 그럼에도 우리는 기만적인 진정성을 자부한다. 오늘날 우리는 같음의 순응주의에 빠져버렸다.

모든 사람이 글자 그대로의 뜻에서 유럽인이 될 때, 즉 넓은 시야를 가진 사람이 될 때, 마침내 우리 행성에 평화가 도래할 것이다. 넓은 시야를 가리키는 다른 단어는 이성이다. 유럽은 이성이라는 개념이 발생한 문화적 집합체로 자부할 만하다.

계몽은 유럽의 성취다. 그러나 오늘날 우리는 이성으로부터 점점 더 멀어지면서, 우익포퓰리스트들이 이용하는 신화들 속으로 달아나듯 퇴행하고 있다. 일찍이 칸트가 유명한 논문 〈영구평화론〉에서 명확히 제시한 대로, 이성이 명령하는 바는 환대, 곧 손님에 대한 호의다.

적대심과 증오가 이토록 만연한 시대에 칸트의 〈영구평화론〉을 되새기는 것은 유익한 작업이다. 아도르노에게 기대어 나는 유럽인이기란 다름 아니라 "인류로 이행

하기"라고 주장하고 싶다. 이 주장이 옳다면, 나는 기꺼이
유럽인일 테다.

다들 서두른다

고요의 결핍으로 인해 우리 문명은 새로운 야만으로 나아가고 있다. 활동하는 자들, 곧 고요를 잃은 자들이 지금처럼 높이 평가받던 시절은 없었다. 그러므로 관조적 성분을 대폭 강화하는 것은 인간성에 가해야 할 필수적인 수정이다.

— 프리드리히 니체,《인간적인, 너무나 인간적인》

모든 시간 형태가 가속될 수 있는 것은 아니다. 리추얼 행위를 가속하려 한다면, 그것은 신성모독일 터이다. 리추얼과 예식은 고유시간을 지녔다. 그것들 고유의 리듬과 박자를 지녔다. 마찬가지로 계절과 결합된 모든 행위도 가속을 거부한다. 친밀한 쓰다듬, 기도, 축제 행렬도 가속되지 않는다. 리추얼과 예식을 포함한 모든 서사적 과정은 제각각 고유한 시간을 지녔다. 계산하기와 달리 이야기하기는 가속을 허용하지 않는다. 가속은 이야기의 서사적 시간구조, 리듬, 박자를 파괴한다.

프로세서의 처리 속도는 원하는 만큼 향상할 수 있다. 왜냐하면 프로세서는 서사적으로 작동하지 않고 단지 가산加算적으로 작동하기 때문이다. 이처럼 프로세서는 서사적 사건인 축제 행렬과 구별된다. 오늘날에는 모든 리추얼과 예식이 제거되고 있다. 왜냐하면 이것들은 정보, 소통, 자본의 흐름이 가속하는 것을 방해하기 때문이다. 그리하여 효율성의 논리를 따르지 않는 모든 시간 형식이 제거된다.

가속은 현재의 시간 위기를 가리키는 이름이다. 모든 것이 더 빨라진다. 어디에서나 감속 비결이 제공되고 찬양된다. 그러나 진정한 시간 위기는 방금 언급한 시간 형태들, 가속을 허용하지 않는 시간 형태들, 지속의 경험을 가능케 하는 시간 형태들이 우리 주변에서 사라졌다는 것이다. 오늘날 노동시간은 시간 전체를 장악하여 단적인 시간으로 되었다. 노동시간은 가속되고 착취될 수 있는 시간이다. 이런 상황에서 감속 비결들은 다른 시간을 창출하지 못한다. 그 비결들은 노동시간을 전혀 다른 시간으로 바꾸지 못하고 단지 감속할 따름이다.

지속의 경험은 오늘날 거의 불가능하다. 노동시간은 지속의 경험을 허용하지 않는다. 노동시간은 서사적 시간이 아니라 가산적이며, 누적적인 시간이다. 지속의 부재로 인해 우리는 오늘날 모든 것이 가속한다고 느낀다. 그러나 그릇된 통념과 달리, 지속이 사라지는 원인은 가속이 아니다. 오히려 시간은 자기 안에 멈춤을 더는 지니지 않았기 때문에, 그 무엇도 시간에게 지속을 제공하지 않기 때문에, 눈사태가 일어나듯 순식간에 지나가버린다. 단지 가산적인 현재 점들 사이에는 시간적 인력과 장력張力이 더는 작용하지 않는다. 그런 현재 점들이 시간의 요새를 무너뜨린다. 그 결과는 방향 없는, 곧 의미 없는 가속이다.

　의미는 지속을 창출한다. 의미의 공허가 가져오는 또 하나의 결과는 오늘날 우리가 끊임없이 또 방향 없이 소통하는 것이다. 소통 사이의 공백은 마치 죽음처럼 느껴진다. 더 많은 소통을 통해 그 공백을 최대한 신속하게 감출 필요가 있다. 하지만 이것은 가망 없는 시도다. 소통의 가속만으로는 죽음을 제거할 수 없다.

　오늘날의 성과사회는 시간 자체를 인질로 구속한다. 시간 자체를 노동에 매어놓는다. 그러면 성과 압력이 가속 압력을 낳는다. 노동 자체가 반드시 파괴적인 것은 아니다. 하이데거의 표현을 빌리면, 노동은 "팍팍하지만 건강한 피로"를 유발할 수 있다. 반면에 성과 압력은, 설령 우리가 실제로는 많이 노동하지 않더라도, 영혼을 태워 없앨 수 있는 심리적 압력을 낳는다. 소진은 노동과 관련된 질병이 아니라 성과와 관련된 질병이다. 영혼을 병들게 하는 것은 노동 자체가 아니라 신자유주의적 원리로서의 성과다.

노동 중 휴식으로서의 휴식은 다른 시간을 제공하지 못한다. 노동 중 휴식은 노동시간의 한 구간일 따름이다. 오늘날 우리가 가진 시간은 노동시간이 전부다. 이미 오래전에 우리는 축제의 시간을 상실했다. 오늘날 주로 퇴근 시각을 뜻하는 독일어 '파이어아벤트Feierabend'의 본래 의미가 축제일 전야라는 사실은 우리에게 낯설기 그지없다. 축제의 시간은 잠시 노동에서 벗어나 긴장을 풀거나 기운을 회복하는 시간이 아니다. 축제는 전혀 다른 시간이 시작되게 한다. 예식과 마찬가지로 축제는 원래 종교적 맥락 안에 속한다. 예식을 뜻하는 독일어 'Feier'와 연관된 라틴어 '페리아에feriae'는 종교적 맥락에서 기원했으며, 종교적 행위를 하도록 정해진 시간을 의미한다. 운명을 뜻하는 독일어 '파툼Fatum'은 원래 신에게 바쳐진 성스러운 장소, 곧 종교적 행위를 하도록 정해진 예식 장소를 뜻한다.

축제는 "세속적인profan"(profan을 pro-fan으로 분해하여 글자 그대로의 뜻을 따지면 '신성한 구역 앞에 놓인'이 됨) 행위가 끝나는 곳에서 시작된다. 축제의 시간은 노동시간과 정반대다. 축제일 전야로서의 파이어아벤트는 신성한 시간이 도래했음을 알린다. 신성함과 세속적임을 가르는 경계혹은 문턱이 제거되면, 오로지 뻔한 것과 일상적인 것만 남는다. 즉, 한낱 노동시간만 남는다. 노동시간은 놀이도 없고 축제도 없는 세속화된 시간이다. 그리고 성과와 효율을 강제하는 명령이 그 시간을 착취한다.

오늘날 우리는 휴가 속으로뿐 아니라 잠 속으로도 노동시간을 가지고 들어간다. 따라서 우리는 몹시 불안하게 수면을 취한다. 휴식도 노동력의 재생산에 기여한다는 점에서 노동의 한 양태일 따름이다. 이렇게 보면, 휴식은 노동의 타자가 아니라 노동의 현상이다. 또한 감속이나 느림만으로는 다른 시간을 창출할 수 없다. 감속 혹은 느림도 가속된 노동시간의 귀결이다. 널리 퍼진 통념과 달리 감속은 오늘날의 시간 위기를 없애지 못한다. 감속은 치유를 일으키지 못한다. 오히려 감속은 단지 증상이다. 증상으로 병을 없앨 수는 없다. 감속만으로는 노동을 축제로 만들 수 없다.

오늘날 반드시 필요한 것은 감속이 아니라 시간 혁명, 전혀 다른 시간이 시작되게 하는 혁명이다. 가속 가능한 시간은 나-시간Ich-Zeit이다. 이것은 내가 나를 위해 내는 시간이다. 하지만 다른 시간이 있다. 무슨 말이냐면, 내가 동료 인간에게 주는 동료 인간(타인)의 시간이 있다. 타인의 시간은 선물이며 가속되지 않는다. 타인의 시간은 성과와 효율성도 거부한다. 오늘날의 신자유주의 시간 정치는 타인의 시간을, 선물을 완전히 없애버렸다. 이제 다른 시간 정치가 반드시 필요하다. 우리를 고립시키고 개별화하는 나-시간과 달리 타인의 시간은 공동체를 조성한다. 바꿔 말해 공동의 시간을 창출한다. 공동의 시간은 좋은 시간이다.

대화

에로스가 우울을 이긴다

: 로날트 뒤커, 볼프람 아일렌베르거와 나눈 대화

철학 잡지 Philosophie Magazin 먼저 선생님의 이력에 관한 이
야기를 하면 어떨까요. 선생님이 거친 과정은 상당히 이
례적이니까요. 무엇이 한국인인 선생님을 독일로 이끌었
을까요? 왜 금속공학도가 철학자가 되었을까요?

한병철 삶에는 설명할 수 없는 단절들과 변화들이 있습
니다. 저의 예사롭지 않은 결정은 어쩌면 제 이름과도 관
련이 있을 겁니다. 아도르노가 이런 말을 했어요. 이름은
우리가 이해하지 못하지만 복종하는 첫 철자들이다. 제
이름의 한 글자가 '철哲'인데, 한자로 뜻을 새기면 이 글
자는 쇠도 의미하고 빛도 의미하지요. 한국어 '철학'의 글
자 그대로의 뜻은 '빛 학문Lichtwissenschaft'이에요. 그러니

까 어쩌면 저는 단지 제 이름을 따랐을 뿐입니다.

철학 잡지 이름을 따라서 독일로 오셨다는….

한병철 예. 저는 괴팅겐 근처 클라우스탈-첼러펠트 공과 대학 금속공학과 입학허가서를 들고 독일로 왔습니다. 부모님께는 독일에서 공학 공부를 계속하겠다고 말씀드렸죠. 거짓말을 할 수밖에 없었어요. 안 그랬다면 부모님이 저를 보내주지 않았을 거예요. 저는 전혀 다른 나라에 불쑥 들어온 꼴이었죠. 당시에 저는 그 나라의 언어를 말할 줄도 모르고 쓸 줄도 몰랐어요. 그러면서도 전혀 다른 공부에 뛰어들었고요. 마치 꿈꾸는 것 같았어요. 그때 제가 스물두 살이었네요.

철학 잡지 최근에 독일에서 베스트셀러가 된 선생님의 에세이 《피로사회》는 지금 한국에서도 대단한 찬사를 받고 있습니다. 선생님은 이 성공을 어떻게 설명하실까요?

한병철 예, 맞아요. 그 책은 한국에서 잘 팔렸습니다. 스테판 에셀의 《분노하라》가 독일에서 팔린 것과 비슷한 수준이에요. 필시 한국인들은 오늘날의 성과사회는 자발

에로스가 우울을 이긴다   139

적인 자기 착취 사회이며 이제는 지배가 없어도 착취가 가능하다는 그 책의 근본 주장에 공감한 모양이에요. 한국은 최종 단계의 피로사회입니다. 실제로 한국에 가면 어디에서나 잠자는 사람들을 볼 수 있어요. 서울 지하철 열차는 침대 열차와 비슷해요.

철학 잡지 과거에는 달랐나요?

한병철 제가 학교에 다니던 시절에 교실에는 교훈을 적어 넣은 액자가 걸려 있었습니다. 인내, 근면 등의 개념이 적혀 있었는데, 그 개념들은 규율사회의 고전적인 구호들이었죠. 반면에 오늘날 한국은 성과사회로 변신했습니다. 더구나 이 변신이 다른 나라에서보다 더 빠르고 무자비하게 이루어졌죠. 가장 가혹한 형태의 신자유주의에 대비할 시간을 아무도 가질 수 없었어요. 갑자기 필연성이나 당위가 아니라 능력이 관건이 되었어요. 오늘날 교실들은 "그래, 넌 할 수 있어!"와 같은 구호로 가득 차 있습니다. 이런 상황에서 제 책이 해독제의 역할을 한 것 같아요. 어쩌면 비판적 의식이 깨어나는 전조로서 제 책이 성공을 거둔 것일 수도 있어요. 하지만 비판적 의식은 한국에서 이제야 비로소 형성되기 시작했습니다.

철학 잡지 신자유주의 성과 윤리에 대체 어떤 문제가 있는 걸까요?

한병철 그 윤리가 아주 교활하고 그래서 괴멸적으로 효과적이라는 점이 문제입니다. 제가 그 교활함을 설명해 볼게요. 카를 마르크스는 타자 지배를 통해 다스려지는 사회를 비판했어요. 자본주의에서는 노동자가 착취당하죠. 그리고 이 타자 착취는 생산이 특정한 수준에 도달하면 한계에 봉착합니다. 반면에 오늘날 우리가 자발적으로 예속되는 자기 착취는 전혀 달라요. 자기 착취는 한계가 없습니다! 우리는 우리 자신을 붕괴할 때까지 자발적으로 착취해요. 내가 실패하면, 나는 이 실패의 책임을 나 자신에게 돌리죠. 내가 고난을 겪으면, 내가 파산하면, 그건 오로지 나 자신의 잘못이에요. 자기 착취는 지배 없는 착취입니다. 완전히 자발적으로 일어나는 착취니까요. 게다가 자기 착취는 외견상 자유의 영역에서 일어나기 때문에 대단히 효과적입니다. 시스템에 맞서 봉기할 만한 집단이, "우리"가 절대로 형성되지 않아요.

철학 잡지 선생님은 긍정성과 부정성이라는 독특한 개념 쌍에 기대어 우리 사회를 진단합니다. 그러면서 부정성이 사라지고 있다고 판정하죠. 그런데 부정성이 과연 어떤 의미에서 좋을까요? 선생님이 말하는 부정성이란 과연 무엇일까요?

한병철 부정성이란 면역적 방어반응을 불러일으키는 무언가입니다. 예컨대 타인은 부정적인 놈이에요. 나의 고유한 영역에 침입하여 그 영역을 부정하고 파괴하려 하는 부정적인 놈. 저는 우리가 사는 지금이 탈면역 시대라고 주장한 바 있습니다. 우울증, 주의력 결핍 과잉행동 장애, 소진 증후군 같은 오늘날의 정신질환들은 부정적인 바이러스나 박테리아가 일으키는 감염병이 아니라 긍정성 과잉으로 인한 경색梗塞증들입니다. 폭력은 부정성에서만 나오는 것이 아니라 긍정성에서도 나옵니다. 다른 것에서만 나오는 것이 아니라 같은 것에서도 나와요. 긍정성 혹은 같음의 폭력은 탈면역적 폭력이죠. 시스템의 비만이 병을 유발해요. 잘 아시다시피 지방에 맞선 면역 반응은 없습니다.

철학 잡지 우울증은 어느 정도까지 부정성의 소멸과 관련이 있을까요?

한병철 우울증은 병적으로 강화된 나르시시스적 자기 관련의 표현입니다. 우울증 환자는 자기 안으로 침몰하여 익사하죠. 그에게는 타인이 없어요. 혹시 라스 폰 트리에의 영화 〈멜랑콜리아〉를 보셨나요? 그 영화의 여주인공 저스틴을 보면, 제가 하는 말이 무슨 뜻인지 알 수 있습니다. 저스틴은 자기 자신에 의해 완전히 소진되고 마모되었기 때문에 우울증에 빠지죠. 그녀의 모든 리비도는 그녀의 시선을 그녀 자신의 주체성을 향하도록 속박해요. 그래서 그녀는 사랑할 능력이 없죠. 그때, 바로 그때 행성 하나가 나타나요. 멜랑콜리아라는 행성이죠. 같음의 지옥에서는 전혀 다른 것의 도래가 세계의 종말처럼 보일 수 있어요. 그 치명적인 행성은 저스틴에게 완전한 타인으로 나타나죠. 그 완전한 타인이 그녀를 나르시시스적 수렁에서 건져냅니다. 그 치명적인 행성 앞에서 저스틴은 확실히 쾌활해져요. 또한 그녀는 타인들을 발견해요. 이제 저스틴은 언니 클레어와 그녀의 아들을 보살핍니다. 멜랑콜리아 행성이 에로틱한 열망에 불을 지핀 거죠. 완전한 타인과의 관계로서의 에로스가 우울증을 이긴 겁니다. 재앙은 치유를 동반해요. 여담이지만, 재앙을 뜻하는 독일어 'Desaster'는 라틴어 desastrum에서 유래했는데, 이 라틴어는 '불길한 별Unstern'을 뜻하죠. "멜랑콜리아" 행성은 불길한 별이에요.

철학 잡지 오로지 재앙만이 우리를 구원할 수 있다는 말씀이신가요?

한병철 우리는 철저히 생산을 지향하는 사회, 철저히 긍정성을 지향하는 사회에서 삽니다. 이 사회는 생산과 소비의 순환을 가속하기 위해 타인 혹은 이방인의 부정성을 없애죠. 오로지 소비 가능한 차이들만 허용돼요. 다름을 빼앗긴 타인을 사랑할 수는 없습니다. 단지 소비할 수만 있죠. 어쩌면 그렇기 때문에 오늘날 세계의 종말에 관한 관심이 다시 증가하는 것 같아요. 사람들은 같음의 지옥을 느껴요. 거기에서 벗어나기를 바라고요.

철학 잡지 타인 혹은 타자를 좀 더 와닿게 정의해주실 수 있을까요?

한병철 우리가 마주한 대상도 타자죠. 그래요, 타자란 항의Anstand입니다. 나에게 항의하는 상대가 타자라는 거죠. 우리는 타자의 다름을 보는 능력, 곧 예의Anständigkeit를 상실했어요. 왜냐하면 우리는 모든 것을 우리의 친밀함으로 뒤덮어버리기 때문이에요. 타자란 나를 의문시하는 무언가, 나를 나의 나르시시스적 내면성으로부터 끄집어내는 무언가입니다.

철학 잡지 그런데 바로 지금 예컨대 월가 점령 시위 같은 새로운 항의 활동의 형태로, 저항하는 우리가 형성되고 있지 않나요? 시스템을, 증권거래소와 시장으로 대표되는 시스템을 타자로 인식하고 그 타자에 저항하고자 하는 우리가 지금도 형성되고 있습니다.

한병철 그것으로는 충분하지 않아요. 증권시장의 붕괴는 아직 세계의 종말이 아닙니다. 그 붕괴는 신속하게 제거되어야 할, 시스템 내적인 문제예요. 그리고 금세 경찰에 연행되는 삼백 명이나 오백 명의 사람들이 무엇을 해낼 수 있나요? 그들은 우리에게 필요한 수준에 턱없이 못 미칩니다. 세계의 종말은 다른 장소의 사건입니다. 세계의 종말은 전혀 다른 어딘가에서 유래할 거예요.

철학 잡지 그렇다면 탈출로는 어디에 있을까요?

한병철 타인 없는 사회는 에로스 없는 사회입니다. 문학,

미술, 시도 완전한 타인을 향한 열망을 먹고 살지요. 오늘날 예술이 처한 위기는 어쩌면 사랑의 위기이기도 해요. 제가 확신하는데, 머지않아 우리는 파울 첼란의 시를 이해하지 못하게 될 거예요. 왜냐하면 그의 시는 완전한 타인을 향한 글이니까요. 또 우리는 새로운 소통 미디어로도 타인들을 제거하죠. 첼란의 시구를 인용할게요. "너는 마치 여기에 있지 않은 것처럼 가까이 있구나." 바로 이겁니다! 부재야말로 타인의 근본 특징이에요. 그게 부정성이고요. 타인이 여기에 있지 않기 때문에, 나는 말할 수 있어요. 오로지 그렇기 때문에 시가 가능해요. 에로스는 완전한 타인을 향합니다.

철학 잡지 그렇다면 사랑은 유토피아적인 선택지, 보상받을 가망이 없는 선택지겠군요.

한병철 열망은 불가능성을 먹고 삽니다. 그런데 예컨대 광고에서 "너는 할 수 있어", "무엇이든지 가능해"라고 끊임없이 떠든다면, 그건 에로틱한 열망의 종말이에요. 그러면 사랑은 없어지죠. 왜냐하면 우리가 우리 자신을 너무 자유롭다고 착각하기 때문이에요. 우리가 너무 많은 선택지를 가졌기 때문이에요. 타인은 당연히 당신의 적입니다. 하지만 타인은 연인이기도 해요. 마치 중세의 귀부인을 향한 사랑과도 같죠. 자크 라캉이 그 사랑을 거론한 바 있는데, 그 사랑은 블랙홀이고 그 주변에 열망이 빽빽이 모여든다고 했어요. 우리에겐 이 블랙홀이 낯설어졌어요.

철학 잡지 우리는 초월에 대한 믿음을 투명성에 대한 믿음으로 대체한 게 아닐까요? 특히 정치에서는 투명성이 아닌 다른 것이 관건인 경우가 거의 없습니다.

한병철 맞아요. 비밀은 일종의 부정성이에요. 비밀의 핵심 특징은 우리의 접근을 피해 물러남이죠. 초월도 부정성이에요. 반면에 내재는 긍정성이고요. 따라서 긍정성의 과잉은 내재의 공포로 표출됩니다. 투명사회는 긍정 사회예요.

철학 잡지 투명성 숭배가 어디에서 유래했다고 보시나요?

한병철 우선 디지털 패러다임을 이해해야 해요. 저는 디지털 기술의 등장을 이를테면 문자 발명이나 인쇄술 발명과 맞먹는 극적인 역사적 전환점으로 간주합니다. 디지털 자체가 투명성을 향해 돌진하죠. 제가 컴퓨터의 키 하나를 누르면, 곧바로 한 사건이 일어나요. 투명사회의 시간성은 즉각성 곧 실시간입니다. 정체, 정보의 정체는 용인되지 않아요. 모든 것이 지금 단박에 볼 수 있게 드러나야 해요.

철학 잡지   해적당의 입장을 들어보면, 그 즉각성이 정치에 해롭기는커녕 이로울 따름이라고 하더군요.

한병철   그러면서 마치 주문처럼 "액체 피드백liquid feedback"이라는 표현을 되풀이할 거예요. 하긴 언뜻 보면 대의민주주의는 견딜 수 없는 시간 지체를 동반하는 듯해요. 하지만 이 입장은 심각한 문제들을 일으킵니다. 즉각성과 어울리지 않는 것들이 있거든요. 시간을 두고 익어야 할 것들이 있다는 겁니다. 그리고 정치는 결과가 정해져 있지 않은 실험이어야 해요. 실험이 이루어지는 동안에는 그 결과를 아직 알 수 없어요. 비전Vision이 실현되기 위해서는 다름 아니라 시간 지체가 필요합니다. 따라서 해적당이 추구하는 정치는 비전 없는 정치일 수밖에 없어요. 기업에 대해서도 똑같은 얘기를 할 수 있습니다. 기업에서는 끊임없이 이런저런 평가가 이루어지죠. 매일 최적의 결과가 나와야 해요. 그러니 장기적인 프로젝트는 불가능해요. 또한 디지털 습성Habitus은 우리가 끊임없이 입장을 바꾸는 것을 의미하기도 하죠. 따라서 정치인은 사라지게 될 거예요. 정치인은 한 입장을 고수하는 사람이니까요.

철학 잡지 그리고 그 모든 것이 새로운 기술의 결과라고 보시나요?

한병철 디지털이 대체 뭘까요? '디지털'이라는 단어는 손가락을 뜻하는 라틴어 '디기투스digitus'에서 유래했습니다. 디지털은 인간의 활동을 손가락 끝에 국한시켜요. 그런데 인간의 활동은 오랫동안 손Hand과 연결되어 있었습니다. 그래서 '행위Handlung'나 '수공업Handwerk' 같은 단어가 만들어졌죠. 그런데 지금 우리는 손가락만 놀려요. 그야말로 존재의 디지털 가벼움이라고 할 만해요. 하지만 진정한 의미의 행위는 예나 지금이나 일종의 드라마입니다. 일찍이 하이데거는 지나치다 싶을 정도로 손에 집착함으로써 디지털에 저항했어요.

철학 잡지 과연 사람들이 여전히 행위하고 실험할 수 있느냐는 질문을 숙고하다 보면 많은 것들이 연상되는데, 그중 하나는 이 새로운 디지털 논리에는 리더들이 없다는 점입니다. 디지털 정치는 리더 없는 정치라는 점을 생각하게 돼요.

한병철 해적당에서는 이미 실제로 그렇죠. 리더로서 사람들을 이끌기는 전혀 다른 활동입니다. 사람들을 이끌고자 한다면, 시야에 미래를 담아둬야 해요. 그리고 제가 정치적 실험을 한다면, 저는 위험을 감수할 수 있어야 합니다. 왜냐하면 실험 결과가 곧바로 나오지 않기 때문이에요. 다시 말해 제가 예측 불가능한 영역에 발을 들이기 때문이죠. 선봉이라는 의미의 리더는 예측 불가능한 곳으로 나아갑니다. 반면에 디지털과 연결된 투명성은 총체적 예측 가능성을 추구하죠. 모든 것이 예측 가능해야 해요. 하지만 예측 가능한 행위는 없습니다. 행위가 예측 가능하다면, 그것은 행위가 아니라 계산일 거예요. 행위는 항상 예측 불가능한 영역으로, 미래로 뻗어나갑니다. 바꿔 말해, 투명사회는 미래가 없는 사회예요. 미래란 완전한 타자의 시간적 차원이니까요. 오늘날 미래는 다름 아니라 최적화된 현재예요.

철학 잡지 즉각성을 숭상하는 풍토는 사람들을 어린애 취급하는 것과도 관련이 있지 않을까요? 세 살배기는 자기가 원하는 것을 부모가 곧바로 주지 않으면 못 견디잖아요.

한병철 당연히 관련이 있어요. 디지털은 우리를 어린애 취급합니다. 왜냐하면 우리가 기다리는 능력을 상실했기 때문이에요. 한번 생각해보세요. 사랑의 시간성이 어떻게 사라져가는지. "나는 너를 사랑해"라는 문장은 미래로 뻗어나가는 약속입니다. 확실히 미래와 결부된 인간 행위들, 이를테면 책임 맡기나 약속하기는 오늘날 위축되고 있어요. 또한 앎이나 깨달음, 경험Erfahrung도 미래라는 시간 범위를 보유하고 있죠. 반면에 정보나 체험Erlebnis의 시간성은 현재입니다. 정보사회의 새로운 병이 있어요. 병명은 정보 피로 증후군(IFS). 이 병의 증상 하나는 분석 능력의 마비예요. 필시 환자는 정보 홍수에 휩쓸려 본질적인 것과 비본질적인 것을 구별할 능력을 상실하는 듯합니다. 또 다른 증상은 흥미롭게도 책임을 맡는 능력의 상실이죠.

철학 잡지 선생님은 투명사회를 "포르노사회"라고도 부릅니다. 그 이유가 뭘까요?

한병철 투명사회에서는 가시성이 전체화되고 절대화된다는 점에서, 또 비밀이 완전히 사라진다는 점에서, 투명사회는 포르노적인 사회입니다. 자본주의는 모든 것을 상품으로서 전시하여 눈에 보이게 만듦으로써 사회의 포르노화를 심화하죠. 사람들은 전시 가치의 극대화를 추구해요. 자본주의는 성性을 포르노 말고 다르게 사용하는 방법을 몰라요. 변함없는 나체 전시로부터는 에로틱한 긴장이 발생하지 않습니다. 에로틱한 긴장은 차츰 드러남과 차츰 가려짐이 연출될 때 발생해요. 중단의 부정성이 나체에 에로틱한 광채를 부여하는 거죠.

철학 잡지 그러니까 포르노적인 것은 에로틱한 것을 파괴한다는 말씀이시군요.

한병철 예, 그렇습니다. 플로베르가 쓴 《보바리 부인》에 나오는 그 멋진 장면을 생각해보세요. 레온과 엠마가 마차를 타는 장면 말이에요. 그들은 의미 없이 마차를 타고 도시 전체를 누비죠. 그리고 독자는 아무것도 경험하지 못해요. 마차 안에서 벌어지는 일조차도 전혀 경험하지 못하죠. 플로베르는 그 일을 서술하는 대신에 광장들과 거리들을 열거해요. 그리고 맨 끝에 엠마는 창밖으로 손을 내밀어 나비 모양의 종잇조각을 토끼풀이 무성한 들판 위로 날려보냅니다. 이 장면에서 발가벗은 것은 그녀의 손뿐이에요. 그건 생각할 수 있는 가장 에로틱한 순간이죠. 왜냐하면 아무것도 안 보이기 때문이에요. 우리를 둘러싼 과도가시적hypervisibel 환경에서는 그런 순간을 더는 상상할 수 없습니다.

철학 잡지 같음의 지옥과 관련해서 철학은 어떤 역할을 할까요?

한병철 저에게 철학은 전혀 다른 삶꼴을 구상하고 다른 삶의 기획들을 적어도 생각으로 검증해보는 시도입니다. 일찍이 아리스토텔레스가 모범을 보였죠. 관조하는 삶Vita contemplativa을 고안했으니까요. 오늘날 철학은 관조하는 삶에서 한참 떨어져 있습니다. 철학마저 같음의 지옥의 일부가 되어버렸어요. 하이데거는 한 편지에서 생각을 에로스에 빗댑니다. 그는 에로스의 날갯짓을 언급해요. 그 날갯짓이 그의 생각을 아무도 가본 적 없는 곳으로 데려간다고요. 어쩌면 철학은 말문이 막힐 정도로 다른 타자의 피부에 형태들과 언어 패턴을 기입하는 애무일 거예요.

철학 잡지 어느새 선생님은 교수직을 얻었습니다. 하지만 강단 철학과 선생님 사이의 관계가 늘 원만하지는 않았어요, 그렇죠?

한병철 아시다시피 저는 예술대학의 철학 교수입니다. 저는 종합대학 철학과에서 일하기에는 아마도 너무 생기가 충만한 것 같아요. 독일의 강단 철학은 안타깝게도 완전히 굳어졌고 생기가 없어요. 독일 강단 철학은 현재에, 현재의 사회적 문제들에 관여하지 않습니다.

철학 잡지 생각하기가 맞닥뜨리는 최대 난관은 무엇이라고 생각하시나요?

한병철 오늘날에는 철학적으로 논할 필요가 있는 사물과 사건이 아주 많습니다. 우울증이나, 투명성, 심지어 해적당도 제가 보기에는 철학적 문제예요. 무엇보다도 디지털화와 디지털 연결망 형성은 오늘날 철학에게 특별한 과제이자 난관이죠. 새로운 인간학이 필요해요. 디지털 인간학, 디지털 인식론과 지각 이론이 필요합니다. 디지털 사회철학과 문화철학도요. 하이데거의 《존재와 시간》은 벌써 오래전에 디지털 시대에 맞게 업데이트되었어야 마땅합니다.

철학 잡지 무슨 말씀인지 더 설명해주시겠습니까?

한병철 하이데거는 주체를 "현존재Dasein"로 대체했습니다. 지금 우리는 주체Subjekt를 프로젝트Projekt로 대체해야 해요. 우리는 더는 "던져져 있지" 않습니다. 우리에겐 "운명Schicksal"이 없어요. 우리는 구상된 프로젝트들이에요. 디지털화는 하이데거가 말하는 "사물"을 최종적으로 없앱니다. 디지털화는 새로운 존재와 새로운 시간을 낳아요. 우리는 더 많은 이론을 과감히 시도해야 해요. 하지만 강단 철학은 너무 소심해서 그런 시도를 못하죠. 저는 강단 철학이 더 많은 용기를 품고 더 많이 모험하기를 바랍니다. 정신을 뜻하는 독일어 "가이스트Geist"는 원래 동요 혹은 감동을 뜻해요. 이걸 감안하면, 강단 철학은 정신이 없는 셈이에요.

자본주의는 고요를 좋아하지 않는다

: 토마스 오스터마이어, 플로리안 보르히마이어와
  나눈 대화

토마스 오스터마이어(독일 연극 연출가―옮긴이) 고삐 풀린 금
융시장들을 탐욕을 통해 설명할 수 있을까요?

한병철 탐욕만으로는 자본주의를 설명할 수 없습니다.
얼마 전부터 저는 죽음 충동이 한몫을 한다고 생각하게
되었어요. 우리를 파멸로 이끄는 것은 어쩌면 우리 자신
입니다. 성장을 이뤄내기 위해 파괴하는 거죠. 갱신은 없
어요. 오히려 사물들을 최대한 신속하게 낡은 것들로 만
드는 것이 갱신이죠. 실은 파괴 기계의 작동이에요. 오늘
날 사물은 죽은 채로 태어납니다. 폭발적으로 성장하는
생산력이 판매시장의 부족 때문에 부자연스러운 방식으
로 사물들을 쏟아놓을 때, 전쟁이 일어나죠. 전쟁은 사물
들을 부자연스러운 방식으로 파괴하고요. 소비는 사물을

자연스러운 방식으로 파괴해요. 우리의 평화를 위해 소비합니다. (웃음) 파괴되는 것은 자연만이 아니에요. 정신도 파괴되고….

토마스 오스터마이어 개인의 삶도 파괴되죠. 선생님은《피로사회》에서 인간 영혼의 파괴도 서술하셨습니다.

한병철 맞아요, 그래서 제가 죽음 충동을 언급하는 겁니다.

플로리안 보르히마이어(독일 극작가, 영화감독, 문학평론가—옮긴이) 어쩌면 탐욕뿐 아니라 동경도 중요한 것 같아요. 자본주의는 이제껏 전혀 없던 소망들을 발생시키는 시스템이에요. 새로운 욕구와 동경이 발생하고, 이에 부응하여 과거엔 아무에게도 필요하지 않았던 새로운 생산물들이 발명되죠.

한병철 에바 일루즈Eva Illouz(예루살렘 히브리대학교 사회학 교수—옮긴이)는 자본주의를 낭만주의와, 정확히 말하면 소비주의적 낭만주의와 관련짓습니다. 하지만 자본주의가 어느 정도까지 낭만적인지 저는 모르겠습니다. 동경은 불가능한 것, 도달할 수 없는 것을 향하죠. 동경을 소비할 수는 없어요. 정반대로 자본주의에서는 동경의 소멸이 일어납니다. 오늘날 사랑을 향한 동경을 품은 사람이 누가 있죠? 사랑조차도 소비 가능한 느낌들로 이루어져 있어요. 자본주의는 끊임없이 소비 욕구를 창출합니다. 새로운 스마트폰을 향한 동경은 없어요. 인터넷 자체가 동경이 깃들 만한 공간이 아닙니다.

토마스 오스터마이어 선생님은 저서에서 자본주의는 종교가 아니라고 말씀하십니다. 자본주의는 채무 면제도, 속죄도 허락하지 않는다면서요.

한병철 예, 무엇보다도 발터 베냐민의 이론에 맞서서 제가 그렇게 말했습니다. 베냐민이 말하기를, 자본주의는 속죄하지는 않고 오로지 채무를 지우기만 하는 숭배 양태라고 했어요. 하지만 채무 면제와 속죄는 종교의 본질적 요소입니다. 구원 없는 종교는 종교가 아니에요. 자본주의는 오로지 채무를 지우기만 해요. 인간은 어쩌면 자유롭지 않기 위해서 채무를 지죠. 자유로운 사람은 반드시 행위해야 해요. 사람들은 행위하지 않아도 되기 위해서 자신의 잘못이나 채무를 들먹이죠. 그리고 보니, 막스 베버도 있군요. 베버는 자본주의를 구원 가능성과 관련

짓죠.

토마스 오스터마이어 자본주의에서 구원이란 무엇일까요?

한병철 모두가 선택된 사람은 아니에요. 또 사람들은 자기가 선택된 사람인지 모르죠. 그런데 내가 성공하면, 즉 자본을 축적하면, 나는 선택된 사람이에요.

토마스 오스터마이어 칼뱅주의로군요… 하지만 자본주의는 피안에서의 구원을 약속하지 않고 다만 이 세계에서의 구원을 약속하죠.

한병철 내가 매년 천만 유로를 번다면, 그건 숭고한 경지예요.

토마스 오스터마이어 하지만 구원의 경지는 아니죠.

한병철 구원의 가상Schein, 假像은 충분히 생깁니다. 내가 그토록 많은 재산을 소유하면, 전능과 불멸의 착각이 발생해요. 독일어 Vermögen은 재산도 뜻하고 능력도 뜻하는 멋진 단어죠. 무한한 재산은 능력을 극대화하고 유한

성을 빛바래게 합니다. 구원이 어떻게 이루어지냐고요? 방금 언급한 착각이 충분히 강력해야 해요. 그 착각은 매우 신학적인 차원을 지녔습니다. 그리고 그 차원은 물질적 탐욕과 아무 상관이 없어요. 자본주의에서는 아주 많은 차원의 죽음 충동이 작동합니다. 우리가 얼마나 많은 것을 파괴하고 있나요? 누구나 알다시피, 오늘날 사물들은 죽은 채로 태어납니다.

토마스 오스터마이어 그럼 사랑에 관해서 한번 얘기해주세요. 지금 연극은 큰 위기에 처해 있습니다. 왜냐하면 무대 위에서 느낌을 묘사할 능력이 우리에게 없기 때문이에요.

한병철 왜 연극에 꼭 느낌이 필요하죠?

토마스 오스터마이어 그건 연극이 감정적인 상황들을 묘사하기 때문이죠.

한병철 그냥 상황들을 묘사할 수도 있어요. 그러면 감정이 생기고, 느낌이 일어나죠. 제가 한 인물을 감정 없이 연기하더라도, 제가 몸짓을 하면, 그 몸짓이 관객을 압도

할 수 있습니다. 제가 한 인물이나 한 몸짓을 연기하면, 이야기가 발생해요. 이야기는 느낌을 낳고요. 느낌을 단박에 표현하려 하면, 포르노가 만들어져요. 보토 슈트라우스Botho Strauß(독일 극작가—옮긴이)도 같은 비판을 할 법해요. 그에 따르면, 오늘날 연극은 포르노이고 에로틱한 면이 없습니다. 배우들은 모두 정신병자랍니다. 그는 연극의 근본적인 쇠퇴를 이야기해요.

토마스 오스터마이어 그럼 대체 무엇을 묘사해야 할까요?

한병철 행위를 묘사해야 합니다!

토마스 오스터마이어 물론 그렇죠. 하지만 배우가 행위를 통해서 관객을 감정적 정화가 가능한 순간으로 데려가는 경우가 엄연히 있습니다. 아주 오래된 개념을 사용해서 말하면, 바로 카타르시스의 순간이 있다는 얘기입니다. 관객이 배우의 행위를 지켜보면서 감정적 체험을 하기 때문에, 그런 감정적 정화가 가능하죠.

한병철 느낌들은 항상 코드화되어 있습니다. 특히 과거의 연극에서 그랬죠. 18세기에도 이미 그랬어요. 사회는 항상 그 느낌 코드를 승인하죠. 그리고 그 코드의 내부에서 느낌이 발생합니다. 느낌은 그 코드에 대한 승인이에요.

플로리안 보르히마이어 어쩌면 느낌 묘사에 너무 집착하지는 말아야 할 것 같아요. 왜냐하면 느낌이 드라마의 주제로서 묘사되지는 않잖아요. 느낌은 드라마 내부의 추진력이고….

한병철 아하! 대단히 흥미로운 견해로군요.

플로리안 보르히마이어 …느낌이 행위 그 자체를 이루지는 않아요. 만약에 이룬다면, 정말로 연극이 순식간에 포르노로 바뀔 거예요. 우리가 한 느낌에 관한 연극을 만들고 싶을 때, 사랑을 설명하거나 전시하는, 사랑에 관한 연극을 만들고 싶을 때, 그런 일이 발생할 테죠. 하지만 느낌은 실제로 고대 그리스 비극 이래로 모든 드라마적 행위에서 추진력이에요. 〈안티고네〉에서도 느낌은 어쩌면 주제는 아니겠지만 확실히 추진력이죠.

토마스 오스터마이어 행위의 동력은 항상 인물이 자기 위치를 어떻게 잡느냐와 어떻게 잡고 싶으냐 사이의 차이입니다. 그 차이가 있기 때문에 인물은 행위하기 시작해요.

플로리안 보르히마이어 그리고 아리스토텔레스에 따르면 행위를 촉발하는 것은 공포와 연민이죠. 이것들은 감정의 범주에 속하고요.

한병철 오스터마이어 씨, 당신이 말하기를, 오늘날 연극의 위기는 느낌을 묘사하기 어렵다는 점에서 비롯된다고 하셨어요. 그게 왜 오늘날의 위기죠? 과거에는 달랐나요?

토마스 오스터마이어 예, 달랐습니다. 왜냐하면 과거에는 느낌이 기피되지 않았거든요. 예전에는 느낌들이 실존했고, 단어가 느낌에 부합할 수 있었어요. 반면에 우리는, 선생님이 저서에서 서술하셨듯이, 타자의 소멸과 그로 인한 에로스의 소멸에 직면했죠.

한병철 오늘날에는 느낌이 기피되나요? 왜 그렇죠?

토마스 오스터마이어 적어도 연극에서는 그래요. 연민, 슬픔, 공감, 호감, 몰두 같은 감정들이 연극에서는 기피됩니다.

플로리안 보르히마이어 적어도 느낌을 노골적으로 표현하는 것은 기피되죠.

토마스 오스터마이어 제가 평균적인 연극을 관람할 때 무대에서 받는 기본 감정은 공격성이에요. 정면공격. 저는 늘 질문을 던지죠. 왜 저 사람이 저기에서 끊임없이 나에게 고함을 지르지? 난 저 사람에게 아무 짓도 하지 않았는데.

한병철 무슨 말씀인지 이해합니다. 저도 최근에 연극을 봤어요. 그런데 너무 시끄러웠어요. 저를 들쑤시고 압박하더군요. 저는 중간 휴식 시간에 극장을 떠났죠. 저는 오로지 속삭임만 있는 고요한 연극이 더 많아지기를 바라요. 왜 그리 고함을 지를까요?

토마스 오스터마이어 그건 저도 자주 던지는 질문입니다. 단지 우리가 적당한 도구들을 상실했다는 사실이 그렇게 표현되는 것일까요? 연극이 위기에 처했기 때문이 아니라, 언제나 연극은 자신이 반영하는 사회만큼만 좋을 수 있기 때문일 거예요. 고함치거나 침묵하기만 하는 사회는 고함치는 연극이나 더는 존재하지 않는 연극을 얻겠죠. 느낌의 위기에 관한 이 질문에 달리 대답할 길이 있을까요?

한병철 먼저 개념 설명에서 시작해야 합니다. 느낌Gefühl은 감정Emotion과 전혀 달라요. 느낌은 흥분Affekt과 전혀 다릅니다. 그런데 당신의 질문들도 이에 관한 개념적 불명확성을 띠고 있어요. 구체적인 내용을 떠나서 아무튼 토론할 수 있으려면 개념들이 명확해야 합니다. 당신은 아름답다는 느낌을 거론할 수 있어요. 하지만 아름답다는 감정이나 아름답다는 흥분을 거론할 수는 없죠. 이처럼 어법만 봐도 느낌과 흥분 사이에 엄청난 차이가 있다는 걸 알 수 있습니다. 예컨대 축구에서 '공에 대한 느낌(감각)Ballgefühl'을 이야기하죠. 반면에 공에 대한 흥분? 공에 대한 감정? (웃음) 또 언어에 대한 느낌(감각)도 있죠. 느낌은 상태 또는 능력이에요. 정靜적인 무언가죠. 반면에 감정은 항상 뒤흔들어요. 바꿔 말해 감정은 행위를 촉발할 수 있습니다. 그러니까 이렇게 말할 수 있겠어요. 흥분이 호황이기 때문에 우리는 느낌의 위기에 빠졌다, 라고요. 무대 위에서 사람들이 왜 고함을 지르냐고 물으셨나요? 그 사람들은 느낌을 가지고 연기하는 것이 아니라 흥분을 가지고 연기하는 거예요. 느낌은 상호주관적

intersubjektiv입니다. 느낌은 공동체를 조성해요. 바꿔 말해 느낌은 사회적인 것입니다. 반면에 흥분은 매우 반사회적일 수 있어요. 흥분은 개별화의 원인이거나 결과일 수 있습니다.

토마스 오스터마이어 분노는 흥분인가요, 느낌인가요?

한병철 맥락에 따라 다릅니다. 흥분을 노래할 수는 없어요. 노래하기란 느낌을 이야기하기거든요. 연극에서 사람들은 노래하죠. 노래하기를 위해서는 서사적 구조, 서사적 공간이 필요합니다. 따라서 분노를 무엇으로 간주하느냐가 관건이에요. 한 예로《일리아스》의 첫 단어 "메닌 menin"(분노를 뜻함—옮긴이)을 생각해봅시다.

플로리안 보르히마이어 《일리아스》는 분노에 관한 이야기죠. 첫 대목이 "뮤즈여, 나에게 분노를 노래해주오"….

한병철 유럽문화 최초의 드라마가 분노로 시작돼요. "메닌". 분노를 노래하기. 이 노래할 수 있는 분노는 한낱 흥분이 아니라, 온 공동체를 떠받치는 무언가, 행위 전체를 일으키는 무언가죠.

플로리안 보르히마이어 분노가 이야기되죠. 하지만 그 분노는 아킬레우스의 개인적 노여움을 넘어서요.

한병철 당연히 그렇습니다!

플로리안 보르히마이어 그 분노는 사회 시스템 전체를 의문시할뿐더러 더 나아가 신들의 세계까지 의문시하죠. 왜냐하면 《일리아스》는 트로이전쟁을 처음부터 끝까지 이야기하니까요. 그 드라마는 아킬레우스의 분노가 발생하면서 시작돼요. 그리고 그 분노가 가라앉으면서 드라마가 끝나죠. 따라서 이 분노의 느낌은 드라마적인 느낌이에요.

한병철 이 분노는 노래할 수 있어요. 바꿔 말해 이야기할 수 있어요. 그리고 이 드라마에서 문제는 '어떻게 느낌을 이야기할 수 있을까?'가 아닙니다. 이 드라마는 어떤 분노의 느낌에 관한 이야기니까요. 느낌의 위기를 이해하려면 반드시 느낌과 흥분을 구별해야 합니다. 느낌을 산출하려면 공명 공간을 열어야 해요. 반면에 흥분은 그렇지 않아요. 흥분은 발사체와 같아요. 흥분은 궤적을 탐색하죠. 흥분은 공간을 펼칠 수 없습니다.

토마스 오스터마이어　선생님의 지성사 지식에 입각하면, 현재 사라지고 있는 특정한 느낌들이 있나요? 반면에 확산하고 있는 느낌도 있을까요? 아니면 느낌들은 점점 더 축소되고 흥분들은 점점 더 확대된다는 말만 할 수 있을까요?

한병철　제가 생각하기에 느낌은 공간적인 것이고, 사람들은 그것을 소비할 수 없어요. 반면에 감정과 흥분은 소비 가능하게 만들 수 있죠.

토마스 오스터마이어　(속삭이는 말투로) 느낌도 마찬가진데….

한병철　느낌을 소비할 수는 없습니다. 당신은 슬픔을 소비할 수 없어요. 슬픔을 가지고 돈을 벌 수는 없죠. 오늘날에는 분노한 시민들과 격노의 물결이 있습니다. 하지만 이 격노가 분노일까요? 분노를 노래할 수는 있어요. 하지만 우리는 격노를, 인터넷에 넘쳐나는 격노의 댓글 폭탄을 노래할 수는 없습니다. 격노는 주관적인 무언가, 개별화된 무언가예요.

토마스 오스터마이어　분개한 스페인 시민들도 마찬가지일까요?

한병철 그들뿐 아니라 최근의 요란한 월가 점령 운동도 물거품으로 돌아갔습니다.

토마스 오스터마이어 그 이유가 뭘까요?

한병철 이 시스템은 사람들을 개별화합니다. 이 시스템 안에서는 각자가 독자적인데 어떻게 "우리"가 발생할 수 있겠습니까? 모든 것이 덧없어요.

토마스 오스터마이어 하지만 오늘날 기업들이 유사 가족적 느낌을 조성한다는 소식을 여러 글에서 거듭 읽게 됩니다. 직원을 기업에 감정적으로 매어두려는 거죠. 직원을 더 잘 착취하기 위해서요…. 지금까지 공장 노동자들의 판단은 이런 식이었습니다. 나의 사장은 나를 착취해. 하지만 나는 달리 어쩔 수가 없어. 내 자식 다섯을 먹여 살려야 하니까. 반면에 지금은 다른 현상이 일어나요. 선생님도 저서 《피로사회》에서 그 현상을 서술하셨죠. 그 현상은 자기 착취입니다. 자기 착취는 제가 이렇게 말할 때 벌써 시작돼요. "내가 일하는 기업은 나의 가족, 나의 고향, 나의 장소야. 나는 거기에 감정적으로도 거두어져 있어."

한병철 자본주의는 느낌의 사용을 애써 줄입니다. 내가 합리적으로 구매 결정을 한다면, 나는 많이 구매할 수 없죠. 더 많은 욕망을 산출하려면, 감정들을 동원해야 해요.

플로리안 보르히마이어 동원되는 것이 감정인가요, 아니면 느낌인가요?

한병철 감정입니다! 감정은 운동이에요. 그 운동이 나를 움직여 물건을 향해 손을 뻗게 만들죠. 감정은 매우 불안정적인 반면, 이성은 매우 안정적이에요. 나는 내 확신들을 유지할 수 있는 반면, 감정들은 흔들립니다. 그리고 자본주의가 매매와 욕구를 산출하려면 이성 외에도 다른 것들이 필요해요. 이런 연유로 자본주의는 소비의 차원에서 감정을 발견했습니다. 광고는 감정을 깨워야 해요. 감정이 깨어나면 사람들은 구매해요. 사람들은 합리적 욕구의 건너편에서 소비합니다. 기업 경영의 차원에서도 사람들은 감정을 발견했어요. 왜냐하면 감정 경영은 훨씬 더 심층적이거든요. 따라서 경영자는 감정 경영을 통해 더 근본적으로 착취할 수 있습니다. "너는 다른 누군가를 위해서 일하는 게 아냐. 너는 너 자신을 최적화하고 기획하는 거야"라는 말이 부추기는 자유의 느낌이 효과를 내는 메커니즘은 "나는 한 가족의 구성원이야. 나는 나 자신을 발전시키고 펼치는 중이야"라는 말이 작동하는 메커니즘과 똑같아요.

토마스 오스터마이어 "내가 프로젝트를 실행하고 있어"라는 말이 작동하는 메커니즘….

한병철 자발성… 내면에서 우러나는 자발성. 당연히 이것이 타자 착취보다 훨씬 더 효과적입니다. 감정을 이용하면 사람들을 내면적 사슬로 옭아맬 수 있어요. 그리고 내면적 사슬은 외적 사슬보다 더 고약합니다.

토마스 오스터마이어 느낌을 희생한 대가로 누리는 흥분의 호황. 선생님이 이미 넌지시 제시한 바 있는 다음과 같은 주장을 과감히 제시할 수 있을 성싶네요. 공동체가 점점 더 많이 소멸하면, 느낌들도 소멸하게 된다.

한병철 보토 슈트라우스는 이렇게 말합니다. "우리는 여전히 소녀 같고 거의 노래하는 듯한 은빛 음을 듣는데, 다음 순간 그 음은 급격히 높이를 낮춰 목쉰 듯한, 거의 울부짖는, 때로는 정말 저속한 소리로 전락한다. 음역의 급격한 변화는 화려한 장식적 표현이 아니라 강력한 대화적 결합을 보여준다. 타자에 관해서 또 타자와 함께 무언가를 반드시 경험하고자 한다는 것을 말이다."

보토 슈트라우스가 보기에 연극은 대화적 공간이에요. 그리고 오로지 거기에 에로스가 있죠. 바꿔 말해, 타자에게 다가가려는 이 노력에 에로스가 있어요.

토마스 오스터마이어 그건 지난 2년 동안 연습 공연들에서 저의 주요 주제였습니다. 저는 배우 노릇에 크게 실망하면서 비로소 이 주제가 저에게 적합하다는 걸 깨달았어요. 저는 이렇게 말했죠. "너희 자신으로부터 느낌들을 생산하려는 생각을 아예 버려!"

과거에는 다른 배우를 바라보는 일이 있었어요. 과거에 배우들이 정말로 함께 연기했는지는(놀았는지는) 모르겠지만, 적어도 그들은 서로를 주시했고 미적 코드화를 존중했죠…. 또 그들은 다른 배우를 경험하거나 파악하거나 설득하려 했어요. 반면에 오늘날의 연출된 연극 예술에서 작동하는 미적 기본 합의는 "무대 맨 앞에 나서 관객을 바라보며 고함을 쳐라"입니다. 연극사의 관점에서 한때 혁명적인 행위였던 것이 그렇게 미적으로 뻔하고 공허한 몸짓이 되어버렸죠. 왜냐하면 그 몸짓이 더는 혁명적이지 않고 오히려 낡은 패턴을 되풀이하기 때문이에요.

한병철 느낌에 관해서 이야기하고자 한다면, 먼저 함께 연기하는(노는) 법을 배워야 합니다. 사람들이 함께 놀면, 이야기가 펼쳐지죠.

토마스 오스터마이어 제가 연습 공연들에서 하는 게 바로 그겁니다. 저는 배우들에게 말하죠. 수공업자처럼 생각하고 접근하는 것을 그만둬라. 여기에 인물이 있고, 나는 지금 나의 도구로 그 인물을 색칠할 것이다.

한병철 연극이 시끄러워지고 있어요. 일본 연극을 볼 때 저는 아주 편안해집니다. 노나 가부키를 볼 때 말이죠. 그다지 압박받지 않으니까요. 저는 영화관에 가는 걸 좋아해요. 그런데 연극에서는 연기하는 사람들이 저를 압박합니다. (웃음)

토마스 오스터마이어 왜냐하면 연기하는 사람들은 단 하나의 느낌만 가졌기 때문이에요. '당신을 압박하고자 한다'라는 느낌 하나만. 어리석은 짓이죠. 시끄러운 연극은 공동체 현상으로서의 느낌이 사라진 사회의 표현이에요. 그런데 연극에서는 느낌을 불러일으키려 하니까, 우리가 흥분을 가지고 행위하는 거예요. 목적은 자극이죠.

한병철 자극이라고요?

토마스 오스터마이어 예, 우리의 흥분은 객석에서 감정을 자극합니다.

한병철 흥분으로 느낌을 산출하는 것은 실은 불가능해요.

토마스 오스터마이어 맞아요. 실은 대항 흥분Gegenaffekt이 산출되죠. 흥분은 선생님이 방금 말씀하신 바를 자극해요. 즉 "너무 시끄러워"라는 항의를 자극해요. 이것이 선생님의 반응이었어요. 그리고 이 반응은 다름 아니라 흥분이죠, 안 그래요?

한병철 아니에요. 너무 시끄러웠어요. 서사적 긴장이 없었어요.

토마스 오스터마이어 서사적 긴장에 대한 평판은 완전히 땅에 떨어졌어요.

한병철 오로지 서사적 긴장만이 느낌을 산출합니다.

토마스 오스터마이어 지금 연극계를 지배하는 담론은 이른바 포스트드라마틱Postdramatik인데, 이런 상황에서 어떻게 서사적 긴장을 추구하란 말씀이십니까?

한병철 포스트드라마틱이 대체 뭔가요?

플로리안 보르히마이어 행위 대신 상태….

토마스 오스터마이어 포스트드라마틱이란 이런 거예요. 이세계에서 저는 행위하는 주체들을 확인할 수 없어요. 그러므로 이 세계에서는 이야기가 발생할 수 없어요. 따라서 이 세계 안에서 나는 드라마적 행위를 더는 구성할 수 없습니다. 나의 세계 경험은 완전히 방향을 상실했고, 나는 지금 일어나는 일이 누구 탓인지 몰라요. 그래도 나는 이 세계를 반영하려 애써요. 그리고 오직 포스트드라마틱한 방식으로만 반영할 수 있어요.

한병철 하지만 반대 기획도 할 수 있잖아요.

토마스 오스터마이어 바로 제가 저의 극단과 함께 절망의 몸부림으로 반대 기획을 창시하려 애쓰고 있습니다.

한병철 물론 오래전에 극복된 것을 되풀이해선 안 되고 새로운 서사 형태를 발명해야겠죠.

토마스 오스터마이어 새로운 서사 형식은 드라마적이에요. 서사의 긴장은 느낌을 산출하고요. 그런데 이를 위해서는 드라마적 행위가 필요합니다.

한병철 서사가 항상 드라마적이어야 하는지, 저는 모르겠군요.

토마스 오스터마이어 아뇨, 반드시 드라마적이어야 하는 건 아니에요. 소설도 마찬가지죠.

플로리안 보르히마이어 맞아요. 그리고 어쩌면 우리는 연극을 넘어서 더 멀리 나아가야 합니다. 선생님은《에로스의 종말》에서 이렇게 쓰셨어요. "사랑은 오늘날 긍정화되어 향유의 한 형태가 된다. 사랑은 무엇보다도 긍정적인 느낌들을 산출해야 한다. 사랑은 이제 행위가 아니며, 이야기가 아니며, 드라마가 아니다. 대신에 사랑은 귀결 없는 감정이요 흥분이다." 우리는 지금까지 연극을 통해 논점에 접근했는데, 생각해보니 연극은 우리 사회에서 벌어지는 일을 비추는 거울에 불과한 것 같습니다.

한병철 사랑도 행위입니다. 오늘날 사랑은 단지 쾌적하고 소비 가능한 느낌들의 배열일 뿐이죠. 충실Treue, 忠實은 감정이 아니에요. 충실은 행위요 결단입니다. 충실은 우연을 운명으로 만들죠. 충실은 영원을 산출합니다.

토마스 오스터마이어 오늘날 대다수 사람은 사랑을 거품 목욕이라고 생각해요.

한병철 흥분의 냉탕과 온탕을 오가는 목욕. 그래서 사람들은 파트너를 바꿔요. 새로운 흥분, 새로운 짜릿한 경험에 굶주려서요. 그렇게 사랑은 안정성을 잃습니다.

토마스 오스터마이어 끊임없이 파트너를 바꾸면서 흥분을 만끽하는 것에 대해 선생님은 어떻게 생각하시나요?

한병철 그런 끊임없는 파트너 교체와 흥분의 만끽은 사랑이 더는 행위가 아니기 때문에 발생합니다. 앙드레 고르츠의 〈D에게 보내는 편지〉는 한 프랑스 철학자가 아내에게 보내는 편지인데, 거기에서 저자는 자신의 변함없는 충실을 이를테면 다음과 같이 표현하죠. "당신은 85세이고 키가 5센티미터 줄었으며 몸무게가 겨우 40킬로그램이에요. 하지만 당신은 여전히 탐낼 만해요." 이 충실은 행위입니다. 충실은 그냥 간단히 느낌으로서 발생하지 않아요.

토마스 오스터마이어 하지만 그 작품에서도 간간이 흥분들이 등장해요. 예컨대 이런 대목을 보세요. "제기랄, 이 사람이 내가 사랑하는 사람이고 내 평생 사랑이라는 행위와 충실이라는 행위를 함께하고자 하는 사람이며, 내가 가질 수도 있을 다른 여덟 명은 그런 사람이 아니라는 것을 나는 대체 어떻게 알까?"

한병철 오늘날 우리는 행위가 사라진 사회에서 삽니다. 흥분과 감정의 사회에서 자아는 행위할 수 없어요. 일부일처제가 아닌 결혼이나 그런 "다자간 사랑"이 대세인 사회—끔찍한 표현이네요—는 어쩌면 자본주의적 생산

방식 또는 신자유주의적 생산방식에서 유래했을 거예요. 선택 가능성을 극대화하기. 또 흥분을 제공할 선택지들을 극대화하기. 경제적 생산방식은 사랑의 영역에도 반영됩니다.

플로리안 보르히마이어 《에로스의 종말》에서 선생님은 오늘날 타인이 사라지고 있다고 말합니다. 이 말은 무슨 뜻일까요?

한병철 자유를 명분으로 우리는 타인을, 타인의 부정성을 제거했습니다. 또한 자유를 명분으로 우리는 신이나 페니스 같은 모든 남성 기표들을 제거했어요. 어느 일본 예술가에 관한 이야기를 해드리죠. 그 예술가는 자기 페니스를 잘라낸 다음, 어느 주방장에게 그것으로 요리를 만들라는 임무를 맡겼어요. 그리고 트위터를 통해 자기 페니스 요리를 대접하겠다며 사람들을 초대했습니다. 그 예술가는 이 과정으로 퍼포먼스 작품을 만들었고, 초대된 손님들은 그의 페니스를 맛있게 먹었죠. 그 예술가는 섹스로부터 독립하여 자유로워지려 했어요. 그리고 모든 정체성을 수용하려 했지요. 이런 총체적 자유를 위해 우리는 대가를 치릅니다. 그 대가는 방향 상실, 결합 상실이에요. 우리는 상대를, 타인을 가지고 있지 않아요. 모든 각자가 오로지 자기를 마주하고 있습니다.

토마스 오스터마이어 선생님은 과거에 충실의 문제를 다뤘습니다. 선생님은 우리 사회에서 아주 많은 사람이 충실의 문제를 겪는다고 믿는데, 왜 그렇게 믿나요?

한병철 충실과 생산성은 양립할 수 없습니다. 더 많은 성장과 생산성을 가져다주는 것은 불충실이에요. 하지만 저는 연극으로 돌아가고 싶습니다. 당신에게 미래의 연극은, 경제적 강제로부터 자유로운 장소죠. 저도 미래 연극의 그림을 가지고 있는 듯해요. 미래의 연극은 고요의 연극이어야 합니다. 당신과 저는 어쩌면 똑같은 견해일 거예요. 자본주의는 고요를 좋아하지 않습니다.

"유감스럽지만, 그게 사실입니다"
: 닐스 뵈잉, 안드레아스 레베르트와 나눈 대화

한병철은 철학계의 새로운 스타다. 겨우 몇 개의 문장으로 그는 우리의 일상을 떠받치는 생각들을 무너뜨릴 수 있다. 그래서 존경도 받고 공격도 받는다.

　2014년 9월 7일, 닐스 뵈잉과 안드레아스 레베르트가 베를린에 사는 철학자 한병철과 대화를 나눴다. 한병철은 프렌츨라우어베르크에 있는 카페 〈리플링〉을 만남의 장소로 제안했다. 수줍음 많은 그 철학자는 베를린 예술대학교에서 교수로 일하고 있으며 '피로사회'와 '투명사회'를 다룬 책들로 큰 찬사를 받았다. 그는 인터뷰를 꺼린다.

　약속 시간이 벌써 10분이나 지났다. 우리를 바람맞힐 셈인가? 그때 한병철이 자전거를 타고 거리에 나타나 이

쪽으로 다가온다. 그가 자리에 앉아 콜라를 주문한다.

차이트 비센 Zeit Wissen(일간지 〈디 차이트Die Zeit〉에서 나오는 격월 간지로 학문, 건강, 기술, 생활을 다룸—옮긴이) 방금 어디에 계시다가 오셨나요?

한병철 책상 앞에요. 늘 그렇죠.

차이트 비센 어떤 글을 쓰시는데요?

한병철 아름다움을 다루는 새 책을 쓰고 있습니다. 보토 슈트라우스를 상대로 한 인터뷰를 읽다가 그 책을 쓰기로 결심했죠. "선생님께 부족한 건 뭘까요?"라는 질문에 보토 슈트라우스는 이렇게 대답해요. "아름다움." 그 한마디뿐이었어요. 나에겐 아름다움이 결핍되어 있다는 얘기라는 걸 저는 알아챘죠. 그런 다음에 아름다움을 다루는 책을 쓰기로 마음먹었습니다.

차이트 비센 지금 아름다움에 관해서 숙고하고 계시는군요. 구체적으로 어떤 생각을 하시는지 궁금하네요.

한병철 생각하기의 핵심은 유사성 지각하기입니다. 저
자신이 불현듯 사건들 사이의 유사성을 지각하는 걸 경
험할 때가 많아요. 현재 사건과 과거 사건 사이의 유사성,
또는 동시에 벌어지는 일들 사이의 유사성을 말이에요.
지금 저는 그런 유사성들을 연구하고 있습니다.

차이트 비센 그럼 유사성과 아름다움은 어떤 관계일까
요?

한병철 저는 지금 일어나는 여러 일이나 선호되는 여러
사물 사이에서 관련성을 지각해요. 예컨대 브라질리언
왁싱, 제프 쿤스의 조각 작품들, 아이폰 사이에서요.

차이트 비센 몸에서 털을 없애는 관행과 스마트폰과 미술
가 사이에서 유사성을 발견하신다고요?

한병철 예, 공통점이 한눈에 보여요. 그건 매끄러움이죠.
우리 시대의 핵심 특징은 매끄러움입니다. 혹시 한국 회
사 LG가 만든 스마트폰 'G Flex'를 아시나요? 이 스마트
폰은 특수한 코팅 처리가 되어 있어서 흠집이 생겨도 금
세 사라집니다. 자가 치유 능력을 갖춘 피부를 지닌 셈이

에요. 거의 생물의 피부와 다름없죠. 간단히 말해서 그 스마트폰은 더없이 매끄러운 상태를 유지합니다. 저는 이렇게 자문해요. 매끄러운 표면을 이토록 추구하는 이유가 뭘까? 그러면 벌써 매끄러운 스마트폰, 매끄러운 피부, 그리고 사랑 사이의 관련성이 드러나죠.

차이트 비센 사랑이라고요? 이 부분은 설명해주셔야겠는데요.

한병철 스마트폰의 매끄러운 표면은 손상되지 않는 피부, 절대로 다치지 않는 피부예요. 그리고 실제로 요새 사람들은 사랑할 때도 상처 입지 않으려 애쓰지 않나요? 사람들은 상처 입기 쉬운 연약함을 벗어나기를 원해요. 어떤 식으로든 다치는 걸, 또 다친 상태가 되는 걸 꺼리죠. 사랑을 위해서는 많은 것을 쏟아부어야 해요. 그런데 사람들은 많은 것을 쏟아붓기를 꺼립니다. 왜냐하면 많이 쏟아부으면 다치니까요. 사람들은 격정을 기피해요. 사랑에 빠지는 건 벌써 그 자체로 너무 심각한 부상이고요. 사랑에 빠지면 안 돼요. '사랑에 빠지다'를 프랑스어로 하면 "tomber amoureux"일 텐데, 이 '빠지기'는 아주 부정적인 표현이에요. 이건 벌써 피해야 할 부상이죠.

저는 이 생각을 또 다른 생각과 연결하는데요… 우리는 "좋아요"의 시대에 살고 있습니다. 페이스북에는 "싫어요" 버튼이 없습니다. "좋아요"만 있어요. 그리고 이 "좋아요"가 소통을 가속해요. 반면에 "싫어요"는 소통을 중단시키죠. 부상도 소통을 중단시켜요. 오늘날엔 심지어 미술도 상처 입지 않으려 합니다. 제프 쿤스의 조각 작품들에는 상처가 없어요. 부서진 곳, 금 간 곳, 깨진 곳, 날카로운 모서리, 이음매도 없죠. 모든 것이 물 흐르듯 부드럽고 매끄럽게 이행합니다. 모든 것이 둥글게 처리되고 매끄럽게 연마된 느낌을 줘요. 제프 쿤스의 미술은 매끄러운 표면의 미술입니다. 지금 새로운 문화가 생겨나고 있는데, 그건 쾌적함의 문화예요. 저는 이 흐름을 정치와도 관련지을 수 있어요.

차이트 비센 그러니까, 매끄러운 정치가 발생하고 있다는 말씀이신가요?

한병철 오늘날에는 정치도 많은 것을 걸거나 투입하기를 꺼립니다. 쾌적함의 정치가 발생하고 있어요. 이 쾌적함의 정치를 대표할 만한 정치인은 누구일까요? 어쩌면 앙겔라 메르켈일 거예요. 이건 그 여성 정치인이 이토록 인기 있는 이유이기도 하죠. 보아하니 메르켈은 확고한 신념도 없고 비전도 없습니다. 그녀는 길거리를 살펴봐요. 그리고 그때그때 길거리의 분위기에 따라 자신의 견해를 바꾸죠. 후쿠시마 핵발전소 재앙이 일어나자 그녀는 갑자기 원자력발전 반대자가 되었어요. 메르켈은 뱀장어처럼 매끄럽다고 표현할 수도 있겠네요. 실제로 오늘날 우리가 상대해야 하는 것은 매끄러운 정치입니다.

매끄러운 피부, 매끄러운 미술, 매끄러운 정치 사이에는 흥미로운 관련성이 있습니다. 하지만 진정한 정치적 행위를 위해서는 비전이 필요하고 많은 투자도 필요하죠. 또 상처 입을 수도 있어야 해요. 그런데 오늘날의 매끄러운 정치는 그렇게 하지 않습니다. 앙겔라 메르켈뿐 아니라 오늘날의 정치인들은 그럴 능력이 없어요. 그들은 그저 시스템에 순응하는 하수인에 불과합니다. 그들은 시스템의 고장 난 부분을 수리해요. 대안 없음이라는 멋진 허울을 내세우면서 말이죠. 그러나 정치는 대안을 제공해야 합니다. 안 그러면 정치는 독재와 구별되지 않아요. 지금 우리는 신자유주의 독재 아래에서 삽니다. 신자유주의 안에서 우리 각자는 자신을 고용한 경영자예요. 마르크스가 활동한 시대의 자본주의는 전혀 다른 노동 구조를 가지고 있었죠. 당시 경제는 공장 소유주와 공장 노동자로 이루어졌어요. 또 어떤 노동자도 자기 자신의 경영자는 아니었죠. 그런 상태에서 타인 착취가 일어났습니다. 반면에 오늘날에는 자기 착취가 일어나요. 내가 나 자신을 실현한다는 환상 속에서 나 자신을 착취하는 거죠.

차이트 비센 바로 그렇기 때문에 일각에서는 신자유주의 개념을 좌파의 과격한 개념으로 낙인찍기도 하죠.

한병철 그건 틀린 규정이에요. 신자유주의는 오늘날의 사회가 처한 상황을 아주 잘 표현합니다. 지금 중요한 것은 자유의 착취니까요. 신자유주의 시스템은 생산력을 점점 더 높이려 합니다. 그래서 타인 착취에서 자기 착취로 방향을 트는 거예요. 왜냐하면 자기 착취가 더 높은 효율성과 생산성을 산출하기 때문이죠. 이 모든 일이 자유라는 허울 아래에서 이루어집니다.

차이트 비센 그다지 고무적인 분석은 아니군요. 우리는 우리 자신을 착취하고 있다. 우리는 위험을 무릅쓰지 않는다. 삶에서도 그렇고, 정치에서도 그렇다. 우리는 상처를 입거나 주려고 하지 않는다.

한병철 유감스럽지만, 그게 사실입니다.

차이트 비센 어떻게 하면 개인이 이 사회 안에서 행복을 발견할 수 있을까요? 우리의 이상들을 성취하기 위해 더 많이 노력해야 할까요?

한병철 신자유주의 시스템은 그런 노력을 어렵게 만듭니다. 심지어 우리는 우리가 무엇을 원하는지도 몰라요. 내가 느끼는 나의 욕구는 나의 욕구가 아닙니다. 의류 할인 매장 "프라이마크Primark"를 생각해보세요. 그 매장이 도시마다 다 있는 건 아니어서, 사람들은 함께 자동차를 탈 사람들을 모아서 거기로 달려갑니다. 도착하면, 매장을 약탈하다시피 하죠. 최근에 본 신문 기사에 어느 소녀의 발언이 실렸더군요. 베를린 알렉산더플라츠 C&A 옆에 프라이마크가 들어온다는 것을 알았을 때 그 소녀는 기쁨에 겨워 환호하면서 이렇게 말했다고 해요. "여기에 프라이마크가 생기면, 내 삶은 완벽해질 거야." 이 삶이 정말로 그 소녀에게 완벽한 삶일까요? 그 소녀의 생각은 소비문화가 낳은 환상이 아닐까요? 한번 정확히 살펴봅시다. 소녀들이 옷 백 벌을 삽니다. 한 벌의 가격은 5유로라고 칩시다. 벌써 이 구매 자체가 미친 짓이에요. 왜냐하면

방글라데시를 비롯한 여러 나라에서 그런 싸구려 옷을 만드는 공장들이 폐업하면 사람들이 죽어나가거든요. 소녀들은 옷 백 벌을 사놓고 거의 입지 않아요. 그들이 그 옷을 가지고 뭘 하는지 아세요?

차이트 비센 옷을 소개하는 '할 비디오haul video'(구매 상품을 보여주고 설명하는 내용의 인터넷 게시 동영상―옮긴이)를 찍어서 유튜브에 올리죠.

한병철 맞아요. 소녀들은 그 옷을 가지고 광고를 해요! 그들은 수많은 동영상을 제작합니다. 동영상 속에서 자기가 산 옷을 칭찬하면서 모델 노릇을 해요. 그런 동영상 하나하나가 조회 수 50만을 기록합니다. 소비자들은 옷이나 그 밖에 물품을 구매하지만 사용하지 않아요. 대신에 상품을 광고하고, 이 광고가 새로운 소비를 유발하죠. 요컨대 절대적 소비, 물품 사용과 연계되지 않은 소비가 등장했습니다. 기업이 광고를 소비자들에게 떠넘기는 거예요. 정작 기업은 광고를 하지 않습니다. 그야말로 완벽한 시스템이죠.

차이트 비센 이런 세태에 맞서 저항해야 할까요?

한병철 프라이마크가 들어와서 내 삶이 완벽해진다면, 내가 저항할 필요가 있겠어요?

차이트 비센 선생님은 신간 저서 《심리정치》에서 이렇게 말합니다. "자유는 과거의 에피소드가 될 것이다." 왜 그렇죠?

한병철 자유는 강제의 맞수예요. 사람들이 무의식적으로 강제에 굴복하면서 그 강제를 자유로 느낀다면, 그건 자유의 종말이죠. 이런 연유로 우리는 지금 자유의 위기에 처했습니다. 자유의 위기가 뭐냐면, 우리가 강제를 자유로 느끼는 겁니다. 그런 상황에서 저항은 불가능해요. 당신이 나에게 무언가를 강제한다면, 나는 그 외적인 강제에 맞서 저항할 수 있습니다. 반면에 나에게 무언가를 강제하는 상대가 없으면, 저항은 불가능합니다. 그래서 저는 제 책의 첫머리에 이런 구호를 집어넣었어요. "내가 원하는 것으로부터 나를 보호하라." 미술가 제니 홀저의 유명한 문장이죠.

차이트 비센 그러니까 우리가 우리 자신을 우리 자신으로부터 보호해야 한다는 말씀이신가요?

한병철 시스템이 자유를 침범하면, 나는 저항해야 해요. 그런데 정말 음흉하게도 오늘날 시스템은 자유를 침범하지 않고 도구화합니다. 예를 들어볼게요. 1980년대에 인구조사가 실시되었을 때, 모든 사람들이 바리케이드를 치고 저항했습니다. 심지어 어느 관청에서는 폭탄이 터졌어요. 사람들이 거리로 쏟아져나왔죠. 왜냐하면 그들에게는 적이 있었기 때문이에요. 누가 적이었냐면, 그들의 뜻을 거슬러 그들에게서 정보를 빼앗으려는 국가가 바로 적이었습니다. 반면에 오늘날 우리는 우리 자신에 관한 정보를 과거 어느 때보다 더 많이 내주고 있습니다. 그런데 왜 저항이 일어나지 않을까요? 1980년대와 달리 지금 우리는 우리 자신이 자유롭다고 느끼기 때문이에요. 과거에 사람들은 자유를 침범당하고 제한당한다고 느꼈죠. 그래서 거리로 뛰쳐나왔던 것이고요. 오늘날 우리는 자유롭다고 느낍니다. 우리는 우리의 데이터를 자발적으로 내줘요.

차이트 비센 어쩌면 그 대가로 스마트폰이 우리에게 길을 알려줄 수 있기 때문일 거예요. 우리는 정보 제공으로 인한 손해보다 이익이 더 크다고 평가하죠.

한병철 그럴 수도 있어요. 하지만 구조를 따지면 이 사회는 중세 봉건 체제와 다르지 않습니다. 우리는 농노의 처지예요. 페이스북을 비롯한 디지털 영주들은 우리에게 농지를 주면서, 너희가 무료로 받은 땅을 일궈라, 라고 말해요. 그리고 우리는 미친듯이 그 땅을 일구죠. 결국엔 영주들이 와서 농작물을 가져갑니다. 이것이 소통 착취입니다. 우리는 서로 소통해요. 그러면서 우리 자신이 자유롭다고 느끼죠. 하지만 영주들은 우리의 소통을 기반으로 돈을 법니다. 또 정보기관은 우리의 소통을 감시해요. 이 시스템은 극도로 효율적입니다. 저항은 없어요. 왜냐하면 우리는 자유를 착취하는 시스템 안에서 살기 때문이에요.

차이트 비센 선생님은 개인적으로 어떻게 대처하시나요?

한병철 제가 연결망에 속해 있지 않으면, 다들 그렇듯이 저도 불안해집니다. 당연하죠. 저도 피해자예요. 이 모든 디지털 소통이 없으면, 저는 교수이자 저술가로서 제 직업을 수행할 수 없어요. 너나없이 누구나 매여 있고 묶여 있습니다.

차이트 비센 빅데이터 기술들은 어떤 역할을 할까요?

한병철 중요한 역할을 하죠. 빅데이터는 감시를 위해서만 쓰이는 것이 아니라 무엇보다도 인간의 행동을 조종하는 데 쓰이기 때문입니다. 인간의 행동이 조종된다면, 바꿔 말해 우리가 자유롭다고 느끼면서 내리는 결정들이 철저히 조작된 것이라면, 우리의 자유의지가 위태로워지죠. 간단히 말해서, 빅데이터는 우리의 자유의지를 의문시하게 만듭니다.

차이트 비센 신간 저서에서 선생님은 빅데이터가 새로운 계급사회를 발생시킨다는 표현도 쓰셨어요.

한병철 현재의 디지털 사회는 계급 없는 사회가 아닙니다. 데이터 회사 액시엄을 보세요. 그 회사는 사람들을 여러 범주로 나눕니다. 마지막 범주의 명칭은 "웨이스트 waste", 즉 쓰레기입니다. 액시엄은 미국인 약 3억 명의 데이터를 거래하지요. 거의 모든 미국인의 데이터를 거래하는 셈이에요. 어느새 그 회사는 미국인에 대해서 미국 연방수사국보다 더 많이 알고, 아마 미국 국가안보국보다 더 많이 알 거예요. 액시엄은 사람들을 70개의 범주로 분류하고 마치 상품처럼 목록으로 정리하여 제공해요. 거래 상대가 무엇을 원하든지, 액시엄은 팔 것이 있어요. 시장가치가 높은 소비자들은 "별똥별shooting star" 집단에 속하죠. 그들은 나이가 26~45세이고 활동적이며 일찍 일어나 조깅을 하고 자식은 없지만 어쩌면 결혼했고 채식주의자의 생활방식을 유지하고 여행을 즐기며 텔레비전 시리즈 〈사인필드〉를 시청해요. 이런 식으로 빅데이터는 새로운 디지털 계급사회를 발생시킵니다.

차이트 비센 그럼 "쓰레기" 계급은 다 어떤 사람들이죠?

한병철 평점이 나쁜 사람들이에요. 그들은 이를테면 신용대출을 받지 못합니다. 이렇게 제러미 벤담의 이상적 감옥인 파놉티콘과 같은 반열에 "반옵티쿰Bannoptikum"이 들어서고 있어요. "반옵티쿰"은 사회학자 지그문트 바우만이 고안한 용어죠. 파놉티콘은 시스템에 포함된 수감자들을 감시하는 반면, 반옵티쿰은 시스템과 동떨어지거나 시스템에 적대적인 개인들을 바람직하지 않은 자들로서 식별하고 배제하는 장치예요. 고전적인 파놉티콘의 역할은 규율이지만, 반옵티쿰의 목표는 시스템의 안전과 효율입니다. 흥미로운 것은 미국 국가안보국과 액시엄이

협업한다는 점이에요. 정보기관과 시장이 협업하는 거죠.

차이트 비센 "쓰레기"계급의 규모가 계속 증가해서 언젠가 임계점에 도달하면, 통제사회가 그 계급을 더는 관리할 수 없게 될 거라고 상상할 수도 있지 않을까요?

한병철 아니요. 쓰레기 계급의 사람들은 자기를 부끄러워하면서 보이지 않게 숨어요. 예컨대 실업수당을 받는 사람이 쓰레기 계급이거든요. 그 사람들은 늘 불안에 떱니다. 독일에서 실업수당 수급자들이 얼마나 불안하게 사는지는 이루 말할 수 없을 정도잖아요. 그 사람들은 반옵티쿰 안에 갇힙니다. 그들은 불안이라는 감방에서 탈출하지 못해요. 저는 실업수당 수급자들을 많이 아는데, 그들은 쓰레기 취급을 받아요. 세계에서 가장 부유한 국가 중 하나인 독일에서 사람이 쓰레기 취급을 당한다니까요. 그들은 존엄을 박탈당합니다. 당연히 그 사람들은 저항하지 못해요. 왜냐하면 자기를 부끄러워하기 때문이에요. 그들은 사회의 책임을 묻고 잘못을 지적하는 대신에 자신을 비난합니다. 이 계급이 정치적 행위를 하리라고 기대할 수는 없어요.

차이트 비센 정말 암울하군요. 이 모든 것의 결말은 어떤 모습일까요?

한병철 아무튼 이런 상황이 계속되지는 않을 겁니다. 당장 물질적 자원이 그걸 허용하지 않아요. 석유가 어쩌면 50년 뒤에 바닥날 거예요. 여기 독일에서 우리는 환상 속에서 살고 있습니다. 우리는 생산 시설을 대부분 국외로 옮겼어요. 중국에서 우리의 컴퓨터, 옷, 핸드폰이 생산돼요. 그런데 베이징 근처의 사막이 점점 더 확장되고 있습니다. 베이징에서는 스모그 때문에 숨도 못 쉴 지경이고요. 저는 과거에 한국에서 살았는데, 그때 중국의 황사가 서울까지 날아오는 것을 체험했죠. 사람들은 마스크를 써야 했어요. 황사에 포함된 미세먼지가 폐를 망가뜨리거든요. 서울은 정말 극적인 변화를 겪고 있습니다. 설령 한동안 그렇게 잘 굴러가더라도 그게 과연 사람 사는 꼴일까요? 또 다른 예로, 몸에 온갖 센서를 장착하고 하루 24시간 내내 혈압, 혈당, 체지방을 측정해서 그 데이터를 인터넷에 올리는 사람들을 보세요. 이 관행을 "자가 추적self-tracking"이라고 부르죠. 그 사람들은 이미 좀비예요. 게오르크 뷔히너가 《당통의 죽음》에서 한 말마따나, 그들은 미지의 강제력들이 줄을 잡아당기면 움직이는 인

형이죠.

이 대목에서 밝혀두는데, 카페 "리플링"에서 우리가 나눈 대화는 고유의 멜로디를 잃을 위험에 처하기를 반복했다. 길거리 음악가들이 계속 우리 테이블에 접근했기 때문이다. 그들은 악기를 녹음기에 위험할 정도로 바투 들이대고 유쾌하게 연주하기 시작했다. 글렌 밀러 히트곡 메들리를 연주하는 색소폰 연주자, 앨범 〈파리의 분위기 Paris Flair〉에 실린 곡들을 연주하는 아코디언 연주자, "케세라" 후렴을 연주하는 가수 겸 기타리스트. 그러나 한병철은 온 정신을 집중해서 발언한다. 그를 바라보노라면, 그가 어떻게 생각들을 빚어내고 결국 문장들로 만들어 정확히 배열하는지가 눈에 보이는 듯하다. 그럴 때 그는 철저히 생각에 주의를 집중한다. 그는 그 생각을 전달받는 사람들에게 주의를 집중하지 않는다. 예능 프로그램도 그를 혼란스럽게 할 수 없었다.

차이트 비센 한병철 교수님, 교수님은 한국에서 처음에 금속공학을 공부하셨습니다. 금속공학도 한병철이 철학자가 되고 맹렬한 시스템 비판자가 된 건 어찌 된 일일까요?

한병철 저는 기술광炡입니다. 어릴 적에는 라디오를 비롯한 전자공학 장치나 기계 장치를 조립하는 일에 열광적으로 빠져들었죠. 원래 저는 전자공학이나 기계공학을 공부하고 싶었는데 나중에 금속공학으로 방향을 바꿨어요. 저는 정말로 열정적인 기술자이자 제작자였습니다.

차이트 비센 그런데 왜 금속공학 공부를 그만두셨나요?

한병철 화학물질들을 가지고 실험하다가 폭발이 일어난 적이 있었기 때문입니다. 저에게는 그 폭발로 생긴 흉터가 아직도 있어요. 죽을 뻔했죠. 최소한 실명할 뻔했어요.

차이트 비센 그런 폭발 사고가 어디에서 일어났나요?

한병철 서울에 있는 우리 집에서요. 그때 저는 학생이었습니다. 하루 내내 이것저것 조립하고 밀링 머신(회전축에 고정한 커터로 공작물을 절삭하는 공작 기계 ─ 옮긴이)으로 갈고 납땜한 뒤였어요. 제 서랍은 전선, 측정 장치, 화학물질로 가득 차 있었죠. 저는 일종의 연금술사였습니다. 금속공학은 정말 현대의 연금술이에요. 하지만 폭발 사고가 난 날부터 저는 연금술을 그만두었습니다. 저는 지금도 이것저것 만들기는 하지만 전선이나 납땜인두는 사용하지 않아요. 생각하기도 만들기예요. 또 생각하기도 폭발로 이어질 수 있죠. 생각하기는 아주 위험한 활동입니다. 어쩌면 원자폭탄보다 더 위험해요. 생각하기는 세계를 변화시킬 수 있어요. 그래서 레닌도 이렇게 말했죠. "배워라, 배워라, 배워라!"

차이트 비센 선생님은 사람들에게 상처를 입히고 싶나요?

한병철 아니요. 저는 앞에 놓여 있는 것을 서술하려고 애쓸 뿐이에요. 이것저것을 꿰뚫어 보기는 어렵습니다. 그래서 저는 더 많이 보려고 애써요. 또 보기를 배우려고 노력하죠. 저는 제가 본 것을 글로 씁니다. 하지만 제 책들이 상처를 줄 수도 있을 거예요. 저는 사람들이 보지 않으려 하는 것들을 보여주니까요. 저나 저의 분석이 무자비한 것이 아니라 우리가 사는 세계가 무자비하고 기괴하고 터무니없는 거예요.

차이트 비센 선생님은 행복한 사람일까요?

한병철 저는 그 질문을 하지 않아요.

차이트 비센 사람들이 그 질문을 하지 않는다고 생각하시나요?

한병철 그 질문은 실은 무의미합니다. 또 행복은 제가 추구하는 상태가 아니에요. 개념을 정의해야겠어요. 당신이 이해하는 행복은 뭐죠?

차이트 비센 뻔하죠. 내가 세상에 있는 것이 즐거운 것. 내가 세상을 내 집처럼 아늑하게 느끼는 것. 내가 세상을 보며 기쁨을 느끼는 것. 내가 잘 자는 것.

한병철 마지막 조건부터 살펴봅시다. 저는 잠을 잘 자지 못해요. 그저께 저는 철학자 빌헬름 슈미트와 함께하는, 좋은 삶에 관한 심포지엄에서 첫 순서로 음악을 연주했습니다. 〈골드베르크 변주곡〉을 연주했죠. 바흐는 그 작품을 심한 불면증에 시달리는 어느 백작을 위해 작곡했어요. 저는 연주에 덧붙여 청중에게 마르셀 프루스트의 《잃어버린 시간을 찾아서》에 나오는 첫 문장을 상기시켰습니다. 이런 문장이에요. "오랫동안 나는 일찍 잠자리에 들었다." 프랑스어 원문은 이래요. "Longtemps je me suis couché de bonne heure." 그런데 "bonheur"는 행복입니다. 그러니까 이게 옳은 번역일 거예요. "오랫동안 나는 행복하게 잠자리에 들었다." 저는 청중에게, 질 높은 수면은 좋은 삶, 행복한 삶의 증거라고 말했어요. 하지만 정작저는 수면장애를 겪습니다.

차이트 비센 잠이 안 올 때 선생님은 뭘 하시나요?

한병철 뭘 하냐고요? 그냥 누워 있어요. 또 다른 조건을 살펴봅시다. 나는 이 세상에 있어서 즐거운가? 어떻게 이 잘못된 세상에 즐겁게 있을 수 있죠? 그러면 안 돼요. 그래서 저는 행복하지 않습니다. 저는 세상을 이해할 수 없을 때가 많아요. 제가 보기에 세상은 아주 부조리해요. 부조리한 세상 안에서 행복할 수는 없죠. 행복을 위해서는 많은 환상이 필요하다고 저는 생각합니다.

차이트 비센 그래도 선생님에게 기쁨을 주는 것이….

한병철 그게 뭘까요?

차이트 비센 아무튼 무언가 있겠죠!

한병철 세상은 저에게 기쁨을 주지 않습니다.

차이트 비센 좋은 케이크는 어떨까요?

한병철 저는 케이크를 안 먹습니다. 좋은 음식은 저에게 기쁨을 줄 수도 있어요. 하지만 베를린 음식, 독일 음식은 골칫거리예요. 독일 사람들은 좋은 음식을 소중히 여기지 않는 것 같아요. 어쩌면 개신교 때문일 거예요. 개신교는 감각을 적대하잖아요. 아시아에서는 음식이 전혀 다른, 아주 높은 가치를 가집니다. 독일에서와 달리 아시아에서 사람들은 음식에 큰돈을 쓰기도 하죠. 예컨대 일본에서 음식은 숭배의 대상이자 예술입니다. 무엇보다도 음식 재료가 믿기 어려울 정도로 신선해요! 밥에서 풍기는 좋은 향기만으로도 사람들이 벌써 행복해질 수 있을 정도죠.

차이트 비센 소소한 행복, 한 줌의 행복을 말씀하시는 것 같네요. 선생님은 30년 전부터 독일에서 살고 있는데, 어떻게 견뎌내셨을까요?

한병철 견뎌냈다는 말은 좀 어폐가 있네요. 저는 독일에서 즐겁게 삽니다. 이곳의 고요를 사랑해요. 서울에서는 고요를 누릴 수 없죠. 또 저는 무엇보다도 독일어를 사랑합니다. 독일어 단어들도요. 제 책들을 읽으면 알아채실 거예요. 여기에서 제가 사용하는 언어는 철학하기에 아주 적합합니다. 또 저를 행복하게 하는 것들도 있죠. 음식은 덜 그렇지만, 바흐, 특히 글렌 굴드가 연주하는 바흐가 그래요. 저는 바흐를 몇 시간 동안 들을 때가 많아요. 바흐가 없었다면, 슈베르트의 〈겨울 나그네〉가 없었다면, 슈만의 〈시인의 사랑〉이 없었다면, 제가 오늘까지 독일에 남아있었을지 모르겠어요. 저는 과거에 철학 공부와 더불어 노래를 많이 불렀습니다. 특히 슈만과 슈베르트의 가곡들을 불렀죠. 그 곡들을 부르려고 성악 교습도 많이 받았어요. 피아노 반주에 맞춰 〈겨울 나그네〉를 부르는 것, 그건 정말 아름다운….

차이트 비센 그래요, 아름다움이 있네요! 선생님은 세상 험담하느라 많은 시간을 낭비합니다.

한병철 어쩌면 그럴지도 모르죠. 실제로 저는 학생들을 절망으로 몰아갑니다. 제 강의에서 학생들에게 이 모든 문제를 설명하니까요. 지지난번 강의에서 제가, 오늘 우리는 해결책들을 모색할 것입니다, 라고 말하니까 몇몇 학생이 박수를 보내더군요. 마침내! 교수님이 우리를 절망에서 구원하시는구나!

차이트 비센 그래요, 아주 멋지네요. 우리도 선생님과 함께 해결책들을 논하고 싶었습니다.

한병철 저는 해결책들을 모색하려 했지만, 강의에서 한 일은 새로운 문제들을 짚어보는 것이 전부였습니다.

차이트 비센 음, 그렇군요. 또 무슨 문제들이 있을까요?

한병철 오늘날에는 말들이 없습니다. 대신에 말 없음과 어찌 할 줄 모름이 있죠. 오늘날 말은 말을 빼앗깁니다. 한편에는 엄청난 소음, 소통 소음이 있어요. 다른 한편에는, 말 못함이 섬뜩하게 있지요. 이 말 못함은 침묵과 다릅니다. 침묵은 대단히 웅변적이에요. 침묵은 말을 가지고 있습니다. 고요도 웅변적이에요. 고요는 말일 수도 있어요. 반면에 소음과 말 못함은 말이 없어요. 그저 말 없고 소음 많은 소통만 있는데, 이것이 문제입니다. 오늘날에는 지식조차도 없어요. 오직 정보만 있죠. 지식은 정보와 전혀 다릅니다. 지식과 진실은 오늘날 아주 낡은 단어로 느껴집니다. 지식은 전혀 다른 시간 구조를 가지고 있기도 해요. 지식은 과거와 미래를 포괄해요. 반면에 정보의 시간성은 현재예요. 지식은 경험에서 나옵니다. 대가大家는 지식을 가지고 있죠. 오늘날 우리는 딜레탕티슴(예술이나 학문을 취미 삼아 겉핥기로 하는 태도—옮긴이)의 테러와 더불어 살고 있습니다.

차이트 비센 선생님은 학문이 하는 일을 어떻게 평가하실까요? 학문은 앎을 창출하지 못할까요?

한병철 오늘날 학자들은 지식의 사회적 맥락을 숙고하지 않습니다. 학자들은 실증적인 연구를 하죠. 하지만 모든 지식 각각은 특정한 지배 관계 안에서 발생합니다. 새로운 지배 관계가, 새로운 장치Dispositiv가 새로운 지식을, 새로운 담론을 낳습니다. 지식은 늘 지배 구조 안에 내장되어 있어요. 학자 자신이 지배 구조의 권능에 예속되어 있음을 깨닫지 못해도, 지식의 맥락성을 숙고하지 않아도, 실증적 연구는 얼마든지 가능합니다. 오늘날 이루어지지 않는 것이 바로 이 숙고예요. 철학도 실증적 학문이

되어가고 있습니다. 철학이 사회와 관계 맺지 않고 철학 자신과 관계 맺는 상황이에요. 그렇게 철학은 사회맹盲이 되어가는 중입니다.

차이트 비센 학문 활동 전체가 그렇다는 말씀이신가요?

한병철 어느 정도는 그렇습니다. 현재 구글학Google-Wissenschaft이라는 것이 생겨나고 있는데, 구글학 자신의 활동에 대한 비판적 숙고는 없어요. 정신과학들Geisteswissenschaften(대체로 인문학과 겹침―옮긴이)은 자기 자신의 활동을 비판적으로 숙고해야 하는데, 이 숙고가 이루어지지 않아요. 예컨대 오늘날 많은 학자가 감정을 연구합니다. 저는 그들에게 이렇게 묻고 싶어요. '당신은 당신이 하는 연구를 왜 하시나요?' 그들은 자신의 활동을 숙고하지 않습니다.

차이트 비센 그래서 선생님은 어떤 제안을 하시겠습니까?

한병철 정신과학들은 어떤 사회적 의미를 가질까, 라는 질문이 관건입니다. 학자 자신이 하는 연구의 사회적 배경을 명확히 알아야 합니다. 왜냐하면 모든 지식은 시스템의 지배 구조와 얽혀 있기 때문이죠. 왜 지금 감정 연구가 이토록 왕성하게 이루어질까요? 어쩌면 오늘날 감정들은 곧 생산성을 의미하기 때문일 겁니다. 감정들이 조종 수단으로 동원되고 있어요. 감정을 움직이면, 인간의 행동이 무의식 수준에서 조종되고 조작됩니다.

차이트 비센 지금 하시는 말을 들으면 선생님이 음모론자처럼 느껴져요. 지능이 더 많아지면, 더 나은 시스템을 이룩할 수 있을까요?

한병철 지능Intelligenz이란 intel-leger, 곧 사이를 읽기, 바꿔 말해 구별하기를 뜻해요. 지능은 시스템 내부에서의 구별하기 활동이죠. 지능은 새로운 시스템을, 새로운 말을 개발할 수 없습니다. 정신은 지능과 전혀 달라요. 저는 지능이 아주 높은 컴퓨터가 인간 정신을 똑같이 복제할 수 있으리라고 믿지 않습니다. 물론 어느 모로 보나 지능을 갖춘 기계를 설계할 수는 있겠죠. 하지만 그 기계가 새로운 언어나 전혀 다른 무언가를 발명하는 일은 결코 없을 겁니다. 저는 그렇게 믿어요. 기계는 정신을 가지고 있지 않습니다. 어떤 기계도 자신이 수용한 것보다 더 많은 것을 산출할 수 없어요. 반면에 생명은 수용한 것보다 더 많은 것을 산출할 수 있죠. 바로 이것이 생명의 경이로움이에요. 생명은 그래요. 생명은 정신입니다. 그래서 생명이 기계와 다른 것이고요. 그런데 모든 것이 기계화될 때, 모든 것이 알고리즘에 의해 지배될 때, 생명은 위험에 처하죠. 레이 커즈와일을 비롯한 탈인본주의자들Posthumanisten이 어렴풋이 꿈꾸는 기계화된 불멸의 인간은 더 이상 인간이 아닐 거예요. 어쩌면 우리는 언젠가 기술의 도움으로 불멸에 도달할 수 있을지도 몰라요. 하지만 그 대가로 생명을 잃겠죠. 우리는 생명을 대가로 치르고 불멸에 도달하게 될 것입니다.

1 Arthur Schnitzler, *Aphorismen und Betrachtungen*, Frankfurt a. M. 1967, 177면 이하.

2 Sigmund Freud, *Das Unbehagen in der Kultur. Und andere kulturtheoretische Schriften*, Frankfurt a. M. 1994, 76면.

3 Bernard Maris/Gilles Dostaler, *Capitalisme et pulsion de mort*, Paris 2010, 9면. 한병철 번역.

4 Sigmund Freud, "Jenseits des Lustprinzips", *Psychologie des Unbewussten. Studienausgabe*, 3권, Frankfurt a. M. 1989, 213 − 272면, 인용문은 248면.

5 위의 책, 249면.

6 위의 글.

7 Freud, *Das Unbehagen in der Kultur*, 83면.

8 위의 책, 82면.

9 위의 책, 85면.

10 Freud, *Jenseits des Lustprinzips*, 249면.

11 Luigi De Marchi, *Der Urschock. Unsere Psyche, die Kultur und der Tod*, Darmstadt 1988을 참조.

12 Georg Baudler, *Ursunde Gewalt. Das Ringen um Gewaltfreiheit*, Düsseldorf 2001, 116면.

13 E. S. Craighill Handy, *Polynesian Religion*, Honolulu 1927, 31면. Elias Canetti, *Masse und Macht*, Hamburg 1984, 287면 이하에

서 재인용.

14 Jean Baudrillard, *Der symbolische Tausch und der Tod*, Berlin 2011, 228면.

15 Erich Fromm, *Anatomie der menschlichen Destruktivität*, Reinbek 1977, 394면.

16 Baudrillard, *Der symbolische Tausch und der Tod*, 324면.

17 위의 책, 79면.

18 Norman O. Brown, *Zukunft im Zeichen des Eros*, Pfullingen 1962, 351면.

19 Georges Bataille, *Die Erotik*, München 1994, 234면.

20 위의 책, 13면.

21 Baudrillard, *Der symbolische Tausch und der Tod*, 282면.

22 Theodor W. Adorno, *Philosophische Terminologie*, Frankfurt a. M. 1974, 2권, 181면 이하.

23 Theodor W. Adorno, *Minima Moralia. Reflexionen aus dem beschadigten Leben*, Frankfurt a. M. 1951, 96면.

24 Freud, *Das Unbehagen in der Kultur*, 160면 이하.

오늘날 혁명은 왜 불가능한가: 2014년 9월 3일 〈남독일 신문Süddeutsche Zeitung〉에 처음 발표됨.

자본주의와 죽음 충동: 이 책에서 처음 발표됨.

인간에 대한 총체적 착취: 2016년 6월 20일 〈남독일 신문〉에 처음 발표됨.

디지털 파놉티콘에서: 2014년 2월 〈슈피겔Der Spiegel〉에 처음 발표됨.

오직 죽은 것만 투명하다: 2012년 3월 〈디 차이트Die Zeit〉에 처음 발표됨.

군중 속에서: 2012년 10월 3일 〈프랑크푸르터 알게마이네〉에 처음 발표됨.

데이터주의와 허무주의: 2013년 9월 〈디 차이트〉에 처음 발표됨.

괴로운 공허: 〈괴로운 공허: 셀피와 테러의 이유는 나르시시즘이다〉라는 제목으로 2015년 12월 30일 〈디 벨트〉에 처음 발표됨.

정면 돌격: 2016년 3월 〈블라우BLAU〉에 처음 발표됨.

뛰어오르는 사람들: 2016년 4월 〈디 차이트〉에 처음 발표됨.

난민들은 어디에서 올까: 2015년 9월 17일 〈타게스슈피겔Der Tagesspiegel〉에 처음 발표됨.

괴물들이 사는 나라: 2015년 9월 8일 〈디 벨트〉에 처음 발표됨.

난민은 누구일까?: 2017년 1월 24일 〈프랑크푸르터 알게마이네 차이통〉에 처음 발표됨.

아름다움은 낯섦 안에 있다: 〈독일인은 독일인으로 머물러야 한다〉라는 제목으로 2017년 11월 24일 〈디 벨트〉에 처음 발표됨.

다들 서두른다: 〈다들 서두른다: 우리는 시간을 어떻게 체험하는가〉라는 제목으로 2013년 6월 〈디 차이트〉에 처음 발표됨.

에로스가 우울을 이긴다: 2012년 5월 〈철학 잡지Philosophie Magazin〉에 처음 발표됨. © Philosophie Magazin, Berlin 2012.

자본주의는 고요를 좋아하지 않는다: 레니너 플라츠 극장Schaubuhne am Lehniner Platz의 2013/14년 공연 시즌 안내 책자 1권에 처음 발표됨. © Florian Borchmeyer und Thomas Ostermeier, Berlin 2013.

"유감스럽지만, 그게 사실입니다": 2014년 9월 〈차이트 비센Zeit Wissen〉에 처음 발표됨. © Zeit Wissen, 2014.